国际汉语教师培养与发展系列

国际汉语教学活动50例

陈东东
（美）刘欣雅 著

外语教学与研究出版社
FOREIGN LANGUAGE TEACHING AND RESEARCH PRESS
北京 BEIJING

图书在版编目（CIP）数据

国际汉语教学活动 50 例 / 陈东东，（美）刘欣雅（Cynthia W. Fellows）
著. —— 北京：外语教学与研究出版社，2019.1（2023.4 重印）
（国际汉语教师培养与发展系列）
ISBN 978-7-5213-0659-0

Ⅰ. ①国… Ⅱ. ①陈… ②刘… Ⅲ. ①汉语 - 对外汉语教学 - 教学参考资料
Ⅳ. ①H195.4

中国版本图书馆 CIP 数据核字 (2019) 第 020093 号

出 版 人　王　芳
项目策划　李彩霞
项目负责　杨　飘
责任编辑　鞠　慧
责任校对　杨　益
封面设计　郭　莹
出版发行　外语教学与研究出版社
社　　址　北京市西三环北路 19 号（100089）
网　　址　https://www.fltrp.com
印　　刷　北京盛通印刷股份有限公司
开　　本　710×1000　1/16
印　　张　20
版　　次　2019 年 1 月第 1 版　2023 年 4 月第 7 次印刷
书　　号　ISBN 978-7-5213-0659-0
定　　价　59.00 元

如有图书采购需求，图书内容或印刷装订等问题，侵权、盗版书籍等线索，请拨打以下电话或关注官方服务号：
客服电话：400 898 7008
官方服务号：微信搜索并关注公众号"外研社官方服务号"
外研社购书网址：https://fltrp.tmall.com

物料号：306590001

序言

　　非常荣幸能为美国西东大学的陈东东和 Cynthia W. Fellows 的新书《国际汉语教学活动 50 例》作序。你会发现在你面前的是一系列非常"严肃"的语言活动，之所以说这些活动严肃，是因为它们是用来解决中文教学中的一个严重挑战的，即如何让教与学在愉悦的过程中顺利进行。

　　我认为，东东和 Cynthia 首创了一套新的教学材料，其理念根植于美国 20 世纪晚期中文教学法先驱之一、已故的 A. Ronald Walton 博士的理论，即"中文教学必须建立在专业知识的基础上"（Walton，1996）。在前言当中，东东和 Cynthia 明确阐述了本书的理论基础是"基于现有的认知研究"。在二十多年前，Walton（1996）就提出，在汉语教学与研究领域的各个方面，包括教学指导材料方面，最缺乏的就是"在学科（比如认知学）形成的链条中"进行"专业知识的传播"。本书就是实现这一夙愿的重要一步。

　　在过去的几个月中，我有幸阅读了本书的初稿，这让我不禁回忆起三十年前三月的一个周日下午，我坐在我那时的导师、俄亥俄州立大学的 Timothy Light 博士家的餐桌前，坐在我对面的是姚道中博士（Dr. Tao-chung Ted Yao）。

　　乍看之下，我和姚老师成为搭档简直不能更糟糕了。当时姚老师已经有近十年的课堂教学经验，而且在中文教学方面已经显示出极大的天赋。他获得了美国西东大学中国哲学硕士学位和美国亚利桑那大学元代道教研究历史学博士学位。而我，在美国俄亥俄州立大学的中文教学博士学位刚刚读到第二个学期，专攻现代汉语句法学和语用学。同时，20 世纪 70 年代在肯尼恩学院学习戏剧专业的经历让我一直对表演艺术充满热爱。

　　无论出于何种原因——直觉、本能或者纯粹是幸运——Tim（Timothy 的简称）觉得我和姚老师可以组成一个团队来完成姚老师这几年来虽然进展缓慢但是一直在做的一个项目。（Tim 那个周日上午早些时候要出差，所以想知道我是否愿意送姚老师去哥伦布国际机场搭乘回马萨诸塞州的飞机！）

不管怎样，当我一步步走近姚老师的椅子时，我看到了他散落在桌子上的五页中文手稿。这五页纸后来成了 *Let's Play Games in Chinese* 这本书的缘起，在当时我们称其为"中文学习游戏（*Games for Learning Chinese*）"。

在阅读东东和 Cynthia 的书稿时，我始终感觉到存在着某种"不和谐"。这种"不和谐"未能阻止 Tim 在 1986 年把我和姚老师撮合到一起，同样的"不和谐"出现在东东和 Cynthia 的合作上。她们的新作对我和姚老师在上个世纪完成的那本游戏手册是一种继承，并确实有了提高。就像我和姚老师一样，东东和 Cynthia 也把两种完全不同的语言文化背景带到了一起。她们还将各自拥有的、同时也是中文（或者其他语言）教学团队所需要的重要优势结合到了一起，这两项优势分别是东东所拥有的母语者对中文的直觉（这是 Cynthia 所没有的），以及 Cynthia 所拥有的把中文作为第二语言或外语学习的成功经验（这是东东所没有的）。

三十年后的今天，教学技术日益进化和成熟，出现了新的、富有启发性的理论模型，比如说跨文化交际理论和一些实用性的工具。东东和 Cynthia 对这些学术和科研上的创新非常熟悉，同时她们的书稿中也包括了一些我和姚老师在 1986 年时就觉得会使我们的游戏手册在教学理论和实际运用上更胜一筹的元素：

• 本书非常重视美国流行文化中的"游戏情结"。这些游戏既包括美国人在自家客厅里玩的游戏，也包括美国电视上的游戏节目。在我和姚老师所处的年代，Bingo 和 Concentration（这两个游戏在本书中也出现了）是很受欢迎的游戏，东东和 Cynthia 的书中还增加了流行的 Clue® 和 Jeopardy® 游戏。

• 本书采用了一些我和姚老师当初根本无法想象的技术。记得我在写 *Let's Play Games in Chinese* 英文稿的时候还在使用 Smith-Corona 打字机，姚老师那时候正在计算机辅助教学技术方面开辟道路。他早在 1984 年就在 Macintosh 电脑上尝试用 Hypercard 程序制作汉字字卡，是美国计算机辅助中文教学领域的先行者之一。我非常羡慕本书可以涉及微信和在线翻译技术。

• 本书根据不同的学习场景为不同水平的学生设计了丰富多样的活动，有些活动适合多周课外学习计划。这与我来自华盛顿地区乔治城大学的一位同事 Heidi Byrnes 最先提出"从文学开始，以语言结束"（见于个人书信，引自 Phillips，1999）的终生语言学习理念相呼应，但我更倾向于"从文化开始，以语言结束"。

- 本书的每一个活动都包含一个理论信息含量丰富的"重点"介绍环节。

- 最重要的是，就像本书作者写到的，"必须对教学始终保持新的眼光"，"对**教师自己**（粗体是我加的，用来表示强调）、对学生而言都是如此"，本书很好地体现了这种理念。这跟 Tim 当初为 *Let's play Games in Chinese* 所写的序言中提出的理念相一致，也就是，"提供学习材料，鼓励学生，目的是为了营造一种愉悦的学习环境，使得学生能从书本中习得语言，然后**付诸实施**"（引自前文提到的 *Let's Play Games in Chinese* 一书序言，粗体为原文斜体，Tim 用来表示强调）。

总之，尽管去年姚老师的离世令我们难过不已，但是我可以自信地代替他说，本书绝不仅仅是对 *Let's Play Games in Chinese* 的继承，我们的游戏手册旨在抛砖引玉，而本书则更上一层楼。在此谨代表缺席的姚道中老师，让我再说一遍，让我们玩起来吧！

Scott McGinnis[*]

美国马里兰州银泉市

2016 年 10 月 16 日

参考文献

Phillips, J. Introduction: Standards for World Languages—On a Firm Foundation. In J. Phillips & R. Terry (eds). *Foreign Language Standards: Linking Research, Theories, and Practices*. Lincolnwood, IL: National Textbook Company, 1999.

Walton, A. R. Reinventing Language Fields: The Chinese Case. In S. McGinnis (ed.). *Chinese Pedagogy: An Emerging Field*. Columbus: Ohio State University Foreign Language Publications, 1996.

Yao, T. & McGinnis, S. *Let's Play Games in Chinese*. Boston: Cheng & Tsui Company, 2002.

---

[*]　Scott McGinnis，美国国防语言学院教授，美国中文教师学会（CLTA）学报《汉语教学研究》（*Chinese as a Second Language*）副主编。

前言

《国际汉语教学活动 50 例》收录了 50 个基于交际法理论、旨在培养和促进学生交际能力的中文教学活动。交际法教学的关键是创建一个轻松愉快、以学生为中心、具有丰富语义的教学环境，使学生的语言能力得以充分发展。这种理念早已普遍运用于主要外语的教学实践之中，但是在中文教学中还不是很普及。本书的首要目的是通过生动有趣的教学活动推广中文交际法教学。

其次，众所周知，凡是外语教师都有激发学生的兴趣、调动学生的积极性、促进学生语言技能提高的任务。然而，中文教师还面临另一挑战，即语言本身的难度。教师该如何使中文学习成为一种享受而不是一种折磨？在学生提高中文交际能力的漫长旅程中，教师应该如何帮助学生维持浓厚的兴趣？如何帮助学生渡过种种学习难关？针对中文的语言特点，有的放矢，设计有意义、有趣味的教学活动，助教师一臂之力，这是本书的第二个目的。

对以英文为母语的学生来说，学中文需要攻破四大"堡垒"：拼音的拼读和识别、汉字的辨认和读写、词汇的积累和扩充、疑难语法的理解和运用。每个"堡垒"被攻破后，还需化零为整，从音素上升到音节，从写字发展到写作，从词汇扩展到句子再到段落。围绕这几个方面的若干个难点，我们共编写了 50 个教学活动，让学生在"动"中体验中文、操练技能、培养交际能力。

本书的理论基础是现代认知研究，可以从三个方面进行解读：

一、间隔性的重复练习

临时抱佛脚的学习方法和填鸭式的教学手段都不能带来持久的教学效果，希望通过集中训练就能掌握知识的做法是违反客观规律的。对于任何一种新知识，为了达到最佳学习效果，大脑首次接触后都需要休息一段时间，然后再对其进行回忆。换言之，学生需要不断地、分时期地练习和复习知识，直到真正掌握。大脑对所学知识的最佳回忆时间则根据具体情况因环境、因人而异。什么时候传授新知识、什么时候复习旧知识，教师在时间上必须做好合理的安排。学习不能一蹴而就，所以，除了常规的教学、练习及测试以外，在课堂中穿插一些教学活动很有必要。为了达到间隔性重复练习的目的，我们为大多数语言项目设计了两种不同的活动。

二、多元化的反复练习

正如间隔性的重复练习会对所学内容起到长期巩固的作用，多元化的反复练习同样很有必要。大脑在不同的语境中对同一内容进行反复回忆，能够帮助学生温故而知新。由于每个学生各有所长，也各有所短，多元化的反复练习更是必不可少。对于教师而言，多元化的练习也同样重要。有的教师推崇竞争性的教学活动，认为这种活动可以提高学生的积极性；有的教师则推崇合作性的教学活动，认为这种活动可以让更多的学生参与其中。每个教师都希望自己的教学方法行之有效，高效的教师必须立足于自己和学生的特点选取教学方法。因此，采用多元化的教学方法将大大提高教学的成功率。

三、轻松愉快的学习环境

课堂环境如何，对于教学成功与否的影响极大，对外语课堂来说更是如此。这就决定了教师的责任在于为学生创造轻松愉快的学习环境。教学活动可以营造轻松愉快的课堂气氛，从而能调动学生内在的学习积极性，促进其自主学习。

如何使用该书，我们提出如下建议：第一，教师可以在自己的课堂里直接采用本书中的活动。书中的很多活动，我们已在自己的课堂中实践过。根据我们的经验，活动的准备过程和实施细节都会决定一个活动的成功与否。为此，我们对活动的重点以及每个步骤都做了详细的说明。第二，我们希望这些活动可以激发教师的热情，编写适合自己课堂的活动。教师必须对教学始终保持新的眼光，只有这样才能保证教学过程的新鲜，对教师自己、对学生而言都是如此。第三，教师可将书中活动当作教学过程中的应急补救措施。比如，学生已经学过"把"字句，可是对此尚未完全掌握。这时，一个与"把"字句有关的活动，可以加深学生对该句型的记忆。

总而言之，我们希望，中文教师，不管是新手还是老将，都会将本书视作一个便利、有效的教学工具。

著者

2016 年 2 月于美国西东大学

致谢

　　衷心感谢所有参与书中活动的学生，正是他们对各项活动表现出的喜爱以及随之而获得的学习成果，促使我们一直努力，最终完成本书的编写工作。没有学生的积极参与，这个项目不可能完成。此外，赵燕飞老师审阅了中文书稿，何勇老师、赵梅老师、曾妙芬老师、林宛芊老师和梁霞老师对本书提出了宝贵意见。对此，我们表示诚挚的感谢！

目录

第一章
掌握拼音

这一章的重点是拼音。我们从音节的组成、音节的识别和声调的辨识这三个方面设计了六个活动，每一方面有两个活动，它们是：

1　又被称为

2　字正腔圆

3　世界地名

4　模仿比赛

5　听读纠错

6　追求完美

活动 1

又被称为

重点 对于初学者来说，掌握中文的发音、声调并且把两者协调起来很不容易。万事开头难，这个活动具有破冰的功能。

等级 初级 ★ ☆ ☆　　　　**时间** 5—10 分钟

步骤

01 将每个学生中文名字的拼音写在一张小纸条上，纸条另一面是其英文名字。纸条数等同于班上学生人数。

02 把所有纸条放进一个信封里。

03 教师在黑板 / 白板上写出以下两行拼音，并带领学生朗读几遍。为了解释清楚，教师可以先用自己的中文名字替换"X"，然后要求学生用各自的中文名字替换"X"。

> X shì shéi?
> X shì wǒ/nǐ/tā.

04 教师请一个学生从信封里随机抽出一张纸条并大声问："X shì shéi?"该学生必须读出纸条上的中文名字。听到自己名字的学生必须马上回答："X shì wǒ."教师将信封传给刚刚回答的学生，请这个学生再抽出一张纸条。以此类推，直到所有学生的名字都被点到为止。

05 当纸条全部被抽出以后，教师随机从课桌上拿起纸条，边走边问："X shì shéi?"知道"X"是谁的学生必须立即回答："X shì tā."如果两人正好坐得很近，知道"X"是谁的学生也可以说："X shì nǐ."

注意

　　在做这个活动之前，班上每个学生不仅得有一个中文名字，而且必须能正确读出并熟悉自己的中文名字。那么，怎样给学生起中文名字呢？我们建议让学生访问以下网站：http://www.mandarintools.com/chinesename.html，用网页中的小程序为自己选一个中文名字，然后请教师修改。

活动

2

字正腔圆

重点 学生在中文学习的早期阶段会遇到很多问题，但是，有些问题并不是显而易见的，这个活动可以提前预防可能会遇到的问题。另外，由于学生的母语背景五花八门，这个活动也有助于解决学生个性化的问题。

等级 初级 ★ ☆ ☆　　　**时间** 15 分钟 ⏱

步骤

01 在准备阶段，教师首先找出学生容易出错的声母、韵母和声调，并准备十组含有这些声母、韵母和声调的拼音，注意尽量选择跟学生生活贴近或带有中国文化特色的常用词，比如：

- Xiǎo Zhào（little Zhao）
- zǎochen（morning）
- qǐchuáng yǐhòu（after getting up）
- chī ròubāozi（eat pork buns）
- hē dòujiāng（drink soy milk）
- bēizhe shūbāo（carrying a bookbag）
- qíchē shàngxué（ride a bicycle to school）
- ránhòu（then）
- jiàndào（see）
- lǎoshī hé tóngxué（teachers and classmates）

02 给每个学生六张卡片，要求学生写出自己认为特别难的两个声母、两个韵母和两个声调。当学生在准备时，教师一边查看学生的书写情况，一边与自己事先估计的难点做比较，根据所发现的问题，对原来拟好的十组拼音做修正。

03 学生写完以后，教师朗读这十组拼音，每次读一组。如果所读的内容正好包括学生感觉难读、易错的声母、韵母或声调，学生必须举起标有该声母、韵母或声调的卡片。

04 当十组拼音都练完以后，教师再次朗读每一个音节或词语，这时要求学生用自己手中的声母、韵母和声调组合成完整的拼音。例如，教师朗读拼音"xiǎo"，相应地，声母写"x"、韵母写"iao"的学生与声调写"ˇ"的学生组合拼出"xiǎo"。学生必须迅速找到自己的合作伙伴。

注意

　　学生未必会写出练习所需的全部声母、韵母和声调，因此教师必须事先准备一些备用的声母、韵母和声调的卡片。比如，教师备好"z""ch""en""ao"，可以跟学生写出的声调"ˇ"组合成"zǎochen"。

世界地名

重点 学生对世界总是充满好奇，这个活动正是利用他们的好奇心，调动其学习积极性，从而使得拼音操练不再平淡、无趣。

等级 初级 ★ ☆ ☆　　　**时间** 15 分钟 ⏱

步骤

01 教师事先准备两份词汇表、两份不同的习题及答案。两份词汇表一份是城市名，另一份是这些城市所在的国家名，教师应尽可能将班上每个学生所在的城市及国家的名字都纳入词汇表中（参见范例 A 和范例 B）。两份习题都应含有类似某个城市在哪个国家的问题（参见习题 A 和习题 B），两份答案分别对应两份习题（参见答案 A 和答案 B）。

02 教师首先带领全班朗读词汇表中所有的城市名和国家名，这样既可以给学生一个热身的机会，又可以帮助他们熟悉这些城市名和国家名的中文读音。

03 将学生分为两人一组，给学生甲习题 A 和答案 B，给学生乙习题 B 和答案 A。

04 学生甲首先根据习题 A 提出第一个问题，学生乙根据答案 A 回答该问题。学生甲在习题的空白处用拼音写出学生乙回答的答案。之后，学生乙根据习题 B 向学生甲提一个问题，学生甲根据答案 B 回答该问题，学生乙写下学生甲回答的答案。学生甲和学生乙轮流向对方提问，直到完成所有问答。

05 各组学生完成问答后，教师带领全班再次朗读词汇表中的城市名和国家名，提醒学生注意读音。如有更多时间，教师还可以带领学生在地球仪或地图上查找这些城市和国家。

城市	拼音	英文
西安	Xī'ān	Xi'an
上海	Shànghǎi	Shanghai
香港	Xiānggǎng	Hong Kong
纽约	Niǔyuē	New York
芝加哥	Zhījiāgē	Chicago
华盛顿	Huáshèngdùn	Washington
波士顿	Bōshìdùn	Boston
东京	Dōngjīng	Tokyo
巴黎	Bālí	Paris
伦敦	Lúndūn	London
罗马	Luómǎ	Rome
柏林	Bólín	Berlin
巴塞罗那	Bāsàiluónà	Barcelona
莫斯科	Mòsīkē	Moscow
悉尼	Xīní	Sydney
多伦多	Duōlúnduō	Toronto

范例 B

国家	拼音	英文
中国	Zhōngguó	China
美国	Měiguó	America (USA)
日本	Rìběn	Japan
法国	Fǎguó	France
英国	Yīngguó	England
意大利	Yìdàlì	Italy
德国	Déguó	Germany
西班牙	Xībānyá	Spain
俄罗斯	Éluósī	Russia
澳大利亚	Àodàlìyà	Australia
加拿大	Jiānádà	Canada

问题 （城市）+ 在 + 哪儿?   北京在哪儿？ Where is Beijing?

回答 （城市）+ 在 +（国家）。   北京在中国。 Beijing is in China.

1. 问题：西安在哪儿?
   回答：西安在_____。

2. 问题：纽约在哪儿?
   回答：纽约在_____。

3. 问题：华盛顿在哪儿?
   回答：华盛顿在_____。

4. 问题：东京在哪儿?
   回答：东京在_____。

5. 问题：伦敦在哪儿?
   回答：伦敦在_____。

6. 问题：柏林在哪儿?
   回答：柏林在_____。

7. 问题：巴塞罗那在哪儿?
   回答：巴塞罗那在_____。

8. 问题：多伦多在哪儿?
   回答：多伦多在_____。

答案 B

城市	所在的国家
上海，香港	中国
芝加哥，波士顿	美国
巴黎	法国
罗马	意大利
莫斯科	俄罗斯
悉尼	澳大利亚

问题 （城市）+ 在 + 哪儿?　　北京在哪儿?　Where is Beijing?

回答 （城市）+ 在 +（国家）。　北京在中国。Beijing is in China.

1. 问题：上海在哪儿?
   回答：上海在_____。

2. 问题：香港在哪儿?
   回答：香港在_____。

3. 问题：芝加哥在哪儿?
   回答：芝加哥在_____。

4. 问题：波士顿在哪儿?
   回答：波士顿在_____。

5. 问题：巴黎在哪儿?
   回答：巴黎在_____。

6. 问题：罗马在哪儿?
   回答：罗马在_____。

7. 问题：莫斯科在哪儿?
   回答：莫斯科在_____。

8. 问题：悉尼在哪儿?
   回答：悉尼在_____。

答案 A

城市	所在的国家
西安	中国
纽约，华盛顿	美国
东京	日本
伦敦	英国
柏林	德国
巴塞罗那	西班牙
多伦多	加拿大

4 模仿比赛

重点 能够准确地掌握中文的读音对于学习者来说需要一个漫长的过程。要求学生对每个拼音进行反复、大量的练习听起来不错，但是却很难仅仅依靠这样的练习就能达到字正腔圆的目标。这不仅仅是因为所有学生包括最优秀的学生都会觉得这种练习枯燥无味、令人沮丧，更为重要的是，这种孤立的练习无法将知识转化为真实的语言技能。人们只有在具有上下文的语境中才能有效地学习，换句话说，教师必须为学生提供有意义的学习材料，要求他们在语境中模仿，这种自上而下的方法才会使拼音练习行之有效。

等级 中、高级 ☆ ★ ★   **时间** 10—15 分钟（每周练习两次，一个月后安排学生参加比赛）

步骤

这个活动有两种做法：第一，学生通过反复多次模仿准确的读音进行练习；第二，学生通过模仿自然对话调整自己的读音。两种做法都强调语义内容对拼音练习的重要性。

—— 个人比赛 ——

诗歌朗诵可以提高学生的语言能力，这种方法久经考验。虽然很多西方学生对记忆和背诵往往不屑一顾，但如果一个学生的学习生涯中没有记忆和背诵的经历，将是一大遗憾。生活在高科技时代的学生，常常心猿意马，无法集中注意力，诗歌朗诵可以让他们感受到放慢速度、专注于一事的乐趣。此外，没有什么可以比诗歌更能让学生充分欣赏中国文化之精髓。中文诗歌的英文翻译虽然也能达到令人赞叹的效果，但是它们始终无法完美地呈现中文诗歌的深奥和美妙。

01 教师事先准备一些中文诗歌，以供学生选择。对于中、高级水平的学生来说，唐诗最为合适。教师应尽量挑选生字较少的诗，并将每个汉字的拼音标在汉字上方，每首诗都配有一份学习讲义。

02 教师在接下来的几周里，每节课介绍一首诗歌，用通俗易懂的词语和形象丰富的肢体语言讲解诗歌的意思，然后带领学生一起朗诵。

03 所有诗歌介绍完以后，让学生从教师准备的诗歌中挑选一首准备朗诵，最好几个学生选择同一首。很有可能班上会有学生从此真的喜欢上中文诗歌，教师可以让他们在课外寻找自己喜欢的诗歌。

04 教师从网上找出中国人朗诵诗歌的视频，把链接发给学生，供他们学习参考。

05 在演讲比赛之前，每个学生在班上至少朗诵一遍自己所选的诗歌，学生的表现可作为课堂测验的成绩。

── 集体比赛 ──

随着语言能力不断提高，学生可以逐步尝试模仿自然对话以表达自己的感情，这也是一个令人振奋的挑战。

01 教师从中文电影或电视剧中挑选几个三至五分钟自成体系的片段供学生学习，片段中需含有精彩的词汇和句子结构。教师为每个片段准备一份学习讲义，讲义中应对所选对话做出注音和解释。

02 根据电影或电视剧片段的内容，教师将学生分为不同人数的小组，并给每个学生安排一个角色。在分组和安排角色时，务必考虑学生的语言能力。

03 花一至两节课的时间，全班观看电影或电视剧片段，教师讲解句子结构，并将电影或电视剧片段的链接发给学生。

04 在比赛之前，抽出时间让学生在班上彩排。开始时学生可以照着学习讲义朗读，但是读音必须准确，熟练以后必须背诵各自角色的台词。

注意

虽然这个比赛并非绝对必要，但是要求学生在大庭广众之下进行表演会使他们感受到一定的压力，这种压力将促使他们更加努力练习。

活动 **5**

活动

听读纠错

重点 齐声朗读在西方课堂通常被视作过时的教学方式，因为朗读会影响学生的理解。这个批评有它的道理，但是，如果教师让学生先关注材料的意义，然后再齐声朗读，这样就将有助于学生调整声调和节奏。中文是带有声调的语言，齐声朗读在中文学习过程中尤其重要。然而即使如此，西方学生开始的时候都会很不习惯。这个活动通过听力练习，让学生发现教师的读音错误，以此来帮助学生克服抵触情绪。

等级 初、中级 ★★☆   **时间** 5—10 分钟

步骤

01 教师事先准备一篇课文，其难度略低于学生当前的语言水平，让学生无需帮助就能理解课文内容，同时又能集中精力关注语言材料的声调和节奏。当然，课文内容也不要过于幼稚。

02 教师把准备的课文发给学生。先让学生自己默读一遍，当全班都没有理解上的困难后，教师和学生一起齐声朗读。

03 全班齐声读完一遍或两遍后，教师读，学生听。教师在朗读时故意读错其中的一些发音，比如将"都"读作"dǒu"。学生一旦听出错误，要举手发言，指出错误所在。

04 接下来可以让一些自告奋勇的学生替代教师朗读，故意读错一些发音或声调，其他学生继续纠错。

注意

　　有些西方学生对齐声朗读很不适应，教师要注意引导。比如，可以让他们想象自己正在中国学习，也可以放一小段中国中小学生朗读课文的视频，让他们体验自己没有或不习惯的学习方式。

活动
6

追求完美

重点 拼音学习不能止步于初级阶段。由于缺乏中文语境，学生很难记住所学的每个生词的读音。另外，随着词汇量的不断增加，学生常常会被读音相同但是声调不同的词所迷惑，所以持续的练习大有裨益。

等级 初、中、高级 ★★★　　**时间** 5—10分钟

步骤

这个活动几乎不需要准备。教师给学生做句子听写，句子材料可以是现场临时编写的，可以是事先准备的，也可以是从学生以前学过的课文中摘出来的。不管是什么材料，句子中都必须含有学生已经学过的生词和语法结构，以进一步复习所学内容。

01 教师将学生分为若干小组，具体分为几个小组可根据教室内黑板 / 白板的大小而定。每组派一个学生代表到黑板 / 白板前听写。学生写出听到句子的拼音即可。

02 听写完毕，要求每组学生检查其代表所写的内容，如有错误，组内其他学生可以上来纠正，教师在适当的时候可以为大家提供改正错误的线索。

03 第一个写出正确拼音，并且声调无误的小组获胜。

注意

01 如果一节课的内容讲完了还有一点儿剩余时间，或者上了一节难度较大的课以后，做这个活动比较适宜，学生这时需要一点儿"兴奋剂"提提神。

02 这个活动可能会使课堂气氛变得有点儿混乱，因为一方面学生会挤在黑板／白板前改错，另一方面会有其他学生叫喊着："改这个！""改那个！"但是只要全班每个学生都积极参与，不用担心维持课堂秩序的问题。

第二章
攻克汉字

　　这一章的重点是汉字。我们从汉字的内部逻辑、汉字的笔画记忆、汉字的结构分析这三个方面，试图帮助学生辨认、读写汉字。每一方面有两个活动，它们是：

7　部件结构

8　想象汉字

9　写字比赛

10　空中写字

11　刨根问底

12　查词比赛

活动 7 部件结构

重点 这个活动是帮助学生了解汉字的第一步。鼓励学生注意汉字的内部部件和整体结构，可以帮助他们建立良好的学习习惯，对今后的汉字学习很有帮助，同时也会使他们更加喜爱学习中文。

等级 初级 ★ ☆ ☆　　　**时间** 课堂讨论：10—15 分钟

步骤

01 教师与学生一起讨论不同类型的汉字结构。给学生展示几个例子，提示学生有的汉字只含有一个部件，如"人"和"土"，也有很多汉字含有多个部件，这些部件可以按照不同方式排列，比如，"你"是左右结构的，"学"是上下结构的。

02 给每个学生发一张练习纸（参见范例），要求他们写出不同结构的汉字，越多越好。鼓励学生查阅课本和字典。

03 教师在下一次课上讨论学生的作业，挑出学生已经学过并且较为常用的汉字，或尚未学过但难度不大的汉字进行讲解，加深学生对汉字部件、结构的理解。

04 让学生写下自己的中文名字，找出每个汉字的部件及结构类型。

范例

单个部件	左右结构	上下结构	左中右结构	上中下结构	半包围结构	全包围结构	"品"字结构	……

人 你 学 谢 茶 区 回 品

19

想象汉字

重点 从接触汉字的第一天起，学生们就会意识到汉字的象形特征，然而在之后的学习过程中，他们似乎又渐渐忘记了这一点。这很遗憾，因为汉字的象形特征正是中文的魅力之一。教师可以利用汉字的象形特征，在课堂上抽出一点儿时间，引导学生发挥想象力，记住汉字，同时欣赏汉字之美。

等级 初、中、高级 ★ ★ ★

时间 课堂展示：10 分钟
课堂猜字：20 分钟

步骤

01 教师在学生学过的词语中挑选一些基本的、常用的并且易于口头描述或用图画描绘的汉字。将每个汉字写在一张卡片上，给每个学生分配至少一个汉字。

02 学生已经知道汉字的象形特征，所以要充分利用这一点。教师描述一个汉字，然后请学生猜一猜是哪个字。比如，教师可以说"一个人走在前面，一个人跟在后面"，引导学生猜出"从"字。教师也可以用图画来描绘汉字。比如，可以在黑板 / 白板上画一个背靠在树上睡觉的人，脑海里有一幅美景，引导学生猜出"梦"字。对于学生来说，猜字并不容易，所以教师引导时应特别有耐心。

03 每个学生随机抽取一张卡片，针对卡片上的汉字，用英文描述其部件的故事，或画出其特征和含义。学生可以二选一，也可以同时尝试两种方法，目的是让其他学生猜出这个汉字。学生有一周时间来完成这个作业，作业需要以书面的形式呈现。因为任务较难，教师必须给予足够的指导和督促。

04 学生完成作业后，教师批改作业并发还给学生，如果学生还有困难，再给一两天时间让他们消化教师的评语，保证每个学生都能顺利地汇报自己的作品。

05 汇报时，请每个学生讲述故事或展示汉字绘画作品，其他学生猜字。学生一旦卡住，教师应及时给予提示。

活动

9

写字比赛

重点 汉字的笔画顺序是否重要，对中国人来说，可能仍然是一个仁者见仁、智者见智的问题。但是对于外国学生来说，在初级阶段就能注意汉字的笔画顺序有两大好处：第一，可以提高汉字书写速度；第二，可以帮助学生认识更多的手写或印刷体的汉字。这个活动提醒学生写字时多多关注汉字的笔画和笔画顺序。

 **等级** 初级 ★ ☆ ☆ 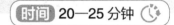 **时间** 20—25 分钟

步骤

01 教师事先设计一份写字练习的讲义，讲义上有田字格表格，表格第一行从左到右依次为含有两个笔画的汉字到含有九个笔画的汉字，每列有一个例子（参见范例）。

02 学生两人一组，每组一份讲义，看哪一组能写出尽量多且含有不同笔画数的汉字。学生可以凭借记忆，也可以查阅课本，但是不能查字典。

03 15 分钟以后，教师让每组学生汇报所写汉字的总数。正确写出最多汉字的小组获胜。

04 教师带领全班一起复习所写的汉字，请几个学生到黑板 / 白板前书写汉字并展示其笔画顺序。比如，"吗"字一共需要六画以及这六画的先后顺序是怎样的。学生自己评估反思，看看哪些字的笔画数和笔画顺序是对的、哪些是错的。

范例

含两个笔画的汉字	含三个笔画的汉字	含四个笔画的汉字	含五个笔画的汉字	含六个笔画的汉字	含七个笔画的汉字	含八个笔画的汉字	含九个笔画的汉字
人	大	夫	田	忙	坐	国	是

10 空中写字

重点 用手在空中写字会给人留下深刻的认知印象，这不仅是因为夸张的动作能增强肌肉记忆，还因为与用笔在纸上写字相比，这种方式更能促使学生在脑中长时间地想象汉字的每个笔画。对于那些只关注自己的汉字写得是否漂亮而不专心记汉字笔画的学生来说，这个活动尤其有益。

等级 初、中、高级 ★ ★ ★　　**时间** 5—15分钟

步骤

01 教师在学生学过的词语中挑选一些汉字，将每个汉字写在一张卡片上，卡片数量与学生总人数一致。

02 将学生分为 A、B 两组，首先请 A 组派出一个学生到教室前方，抽出一张卡片，背对其他学生用手在空中写出卡片上的汉字。A、B 两组学生一起猜字，首先猜出该字的小组得一分。

03 请 B 组派出一个学生到教室前方，抽出一张卡片，背对其他学生用手在空中写出卡片上的汉字，A、B 两组学生一起猜字。以此类推，直到班上每个学生都在空中写了字。最后得分较高的小组获胜。

04 下面是更具挑战性的几种活动方式：

面向观众： 要求写字的学生面向全班同学，用手在空中写出卡片上的汉字，其他学生同时猜字。

自选汉字： A、B 两组分别为对方准备汉字，并写在卡片上。A、B 两组的卡片汉字朝下叠成两摞放在桌上。A 组学生从 B 组准备的卡片中选一个字写出来，B 组学生从 A 组准备的卡片中选一个字写出来。注意，用这种方式时，每次只能由写字一方的那一组学生来猜字，因为另一组准备了这些汉字，他们基本已经知道答案了。

挑战比赛： 要求学生在空中写出词或句子。

11 刨根问底

重点 学习拉丁文可以提高英文修养，而研习汉字组成部件则可以提高中文水平。因为这些组成部件是汉字的根基，掌握汉字又是学好中文的基础。这个活动可以帮助学生加深对汉字的理解，并最终记住汉字。

等级 初、中、高级 ★ ★ ★

时间 初步讲解：10—15 分钟
课堂活动：20 分钟

步骤

—— 初步讲解 & 布置作业 ——

01 教师事先准备两组汉字，一组是学生已经学过，但是比较难记的汉字；另一组是学生尚未学过，且组成部件繁多、结构复杂的汉字。每组汉字的数量与学生人数相同。将每个汉字写在一张卡片上，将汉字卡片分为"已学过的"和"未学过的"两叠。

02 在课堂上，教师先向学生展示某一个汉字的不同组成部件，然后布置课后作业，要求每个学生从桌上的两叠卡片中各抽取一张，借助词典或其他网上工具（比如 yellowbridge.com 或者 chinesecharacter.org）解释所选汉字的部件及其含义。

03 学生需要准备一个英文的口头报告。学生无需递交书面报告，但是必须认真地完成口头报告。

—— 课堂活动 ——

01 把"已学过的"那一叠卡片中的每个汉字写在单独的一张纸上，纸越大越好，然后把每个字里的组成部件一一剪下，并将各个部件打乱顺序，随机地贴在黑板／白板的任意位置上。

02 将学生分为 A、B 两组，每组轮流派出一个代表用贴在黑板／白板上的部件拼成一个完整的汉字，一个学生做完后组里另一个学生接着做。看哪一组在规定的时间内拼出的汉字最多。

12 查词比赛

重点 在当今的高科技时代，纸质版词典常被教师和学生错误地视为过时的工具。然而，我们有理由强调，纸质版词典在外语学习过程中仍然起着重要作用。为什么？第一，耗时、费力的查词过程可以让学生学会全神贯注，进而可以比较有效地促使学生坚持学习；第二，不同上下文背景中的汉字会激发学生的好奇心。即使学生过后忘记了某一个词的释义，但是通过查词典建立起来的关注汉字组成部件的好习惯对中文学习仍有极大的帮助。一些研究者认为，自动化的工具会导致头脑变得迟钝。电子词典虽然查起来轻松方便，但从长远来看，它对中文学习的帮助不如纸质版词典。

等级 中级 ☆ ★ ☆   **时间** 20—30 分钟

步骤

01 教师事先列出一些学生尚未接触过的词语，需要学生用汉英词典查询。教师所选词语中的汉字必须包含不同的部件结构，比如"魅力、秘密、榴莲、嗡"等。

02 给每个学生发一本汉英词典，或者让每两人分享一本。假如没有足够的汉英词典，也可以让班上程度较好的学生使用汉语词典。

03 教师挑选一个词语作为例子，详细解释如何查词典（参见范例）。

04 当全班学生都成功地在词典里查到了这个词语以后，教师把剩余需要查询的词语发给学生，宣布查词比赛开始。第一个正确写出所有词语的拼音和词条释义的学生获得第一名。如果学生使用的是汉语词典，则只需写出拼音，教师可以帮助他们写出词条释义。

注意

如果是两个学生一起完成这个活动，务必告诉学生不要一人独占词典，两人可以分工合作，比如，一人数笔画，另一人查部首，每查完一个词语后两人交换职责。

如何使用中文词典 *

当你遇到一个不认识并且不会读的词语时，可以通过"部首检字法"在词典里查到它。

14　部首目录

78	见	42	[77]	(米)	42	134	舌	55
79	牛(牜)	42	105	目	50	135	竹(⺮)	55
80	[80](产)	44	106	田	50	136	臼	56
81	气	44	107	一	50	[49]	(辵)	31
82	毛	44	108	皿	50	137	自	56
[74]	(攵)	38	[176]	(钅)	65	138	血	56
83	长	44	109	生	51	139	舟	56
84	片	44	110	矢	51	140	色	56
85	斤	44	111	禾	51	141	齐	56
86	爪	44	112	白	51	142	衣	57
87	父	45	113	瓜	51	143	羊	57
[34]	(兑)	25	114	鸟	51	[143]	(⺶)	57
[86]	(罒)	45	115	疒	52	144	米	57
88	月	45	116	立	53	145	聿	58
89	氏	46	117	穴	53	146	艮	58
90	欠	46	[142]	(衤)	57	[30]	(艸)	25
91	风	46	[145]	(业)	58	147	羽	58
92	殳	46	[118]	(矛)	53	148	糸	58
93	文	46	118	疋	53	**七画**		
94	方	46	119	皮	53	149	麦	59
95	火	46	120	癶	53	[83]	(县)	44
96	斗	47	121	矛	53	150	走	60
[95]	(灬)	47	**六画**			151	赤	60
97	户	47	122	耒	53	[68]	(車)	37
[100]	(礻)	49	123	老	53	152	豆	60
98	心	47	124	耳	53	153	酉	60
[145]	(忄)	58	125	臣	53	154	辰	60
[45]	(爿)	29	126	覀(西)	53	155	豕	60
99	毋	48	127	而	54	156	卤	60
五画			128	页	54	[76]	(貝)	39
[61]	(玉)	34	129	至	54	[78]	(見)	42
100	示	48	130	虍	54	157	里	60
101	甘	49	131	虫	54	[158]	(⻊)	60
102	石	49	132	肉	55	158	足	60
103	龙	49	133	缶	55			
[67]	(歺)	37						
104	业	50						

159	邑	61	186	音	69
160	身	61	187	首	69
[49]	(辵)	31	[63]	(髟)	34
161	釆	61	[57]	(飛)	33
162	谷	61	**十画**		
163	豸	61	188	髟	69
164	龟	62	[58]	(馬)	33
165	角	62	189	鬲	69
166	言	62	190	門	69
167	辛	63	191	高	69
八画			**十一画**		
168	青	63	192	黄	69
[83]	(長)	44	[149]	(麥)	60
169	卓	63	[156]	(鹵)	60
170	雨(⻗)	63	[114]	(鼎)	52
171	非	63	[177]	(魚)	67
172	齿	63	193	麻	69
[130]	(虎)	54	194	鹿	69
173	黾	64	**十二画**		
174	隹	64	195	鼎	69
175	阜	64	196	黑	69
176	金	64	197	黍	69
[185]	(钅)	68	**十三画**		
177	鱼	64	198	鼓	69
178	隶	67	[173]	(電)	64
九画			199	鼠	69
[128]	(頁)	54	**十四画**		
179	革	68	200	鼻	69
180	面	68	[141]	(齊)	57
181	韭	68	**十五画**		
182	骨	68	[172]	(齒)	64
183	香	68	**十六画**		
184	鬼	68	[103]	(龍)	49
185	食	68	**十七画**		
[91]	(風)	46	[164]	(龜)	62
			201	龠	69

图 1

首先，确定这个词语第一个字的部首。比如，要查"确认"这个词语，第一个字"确"的部首是"石"。

---

* 范例词典为《现代汉语词典》，商务印书馆第 6 版。

然后，数一数"石"这个部首的笔画。"石"一共有五画，那么把词典翻到部首目录中"五画"这个版块，找到"石"这个部首（参见图1）。根据索引，把字典翻到检字表第49页，在这里你会看到所有以"石"为部首的汉字（参见图2）。

接着，数一数"确"这个字中除了部首以外的笔画数。除了部首，"确"字还有七画。在第49页"六至七画"这一栏下面查找"确"字，"确"字在第1081页。

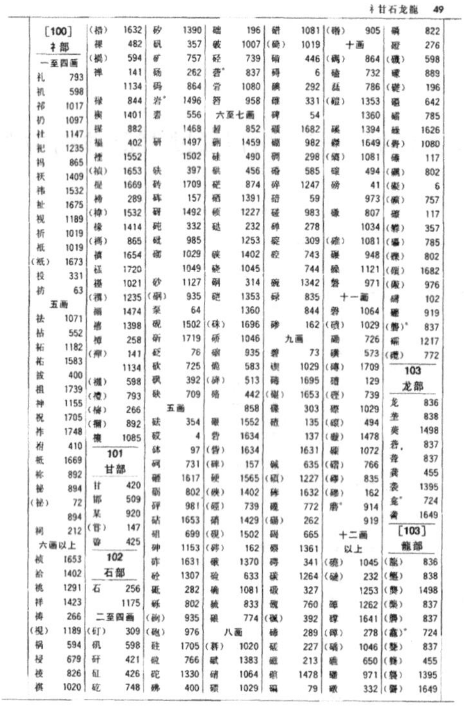

图2

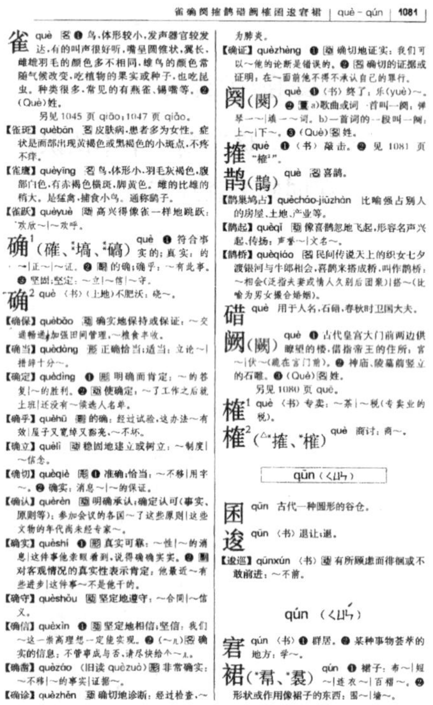

图3

最后，把词典翻到第1081页，找到"确"字，你会看到所有"确"字开头的词语（参见图3）。"确认"这个词也在这里，去找找它吧。

第三章
扩充词汇

这一章的重点是词汇。可以从复合词、反义词、近义词、熟语等方面入手帮助学生扩大词汇量，同时加上大量的反复练习。这一章有十个活动，它们是：

13 构建词网

14 复合词竞赛

15 集中训练

16 猜来猜去

17 我敢打赌

18 大同小异

19 熟语配对

20 成语小品

21 因材施教

22 猜多义词

13 构建词网

重点 在词汇教学中，教师应引导学生关注复合词的构成方式。这个活动能激发学生对复合词的好奇心，从而帮助学生扩大词汇量，同时还能创建互相学习的良好氛围，帮助学生成为独立的语言学习者。

等级 中、高级 ☆ ★ ★

时间 课堂讨论：20 分钟
课堂展示：每人 5—10 分钟

步骤

01 教师与学生讨论中文的特点，讨论聚焦在字与词的关系上。

02 教师告诉学生，中文里的许多词都是复合词，具有固定的构词模式，一旦掌握了一个复合词，也就学会了其他几个词的一半。

03 教师在黑板 / 白板上演示一个早已准备好的"词汇网"（参见范例），复合词最好从学生已经学过的材料中挑选。教师一边画"词汇网"，一边让学生猜猜每个词语的意思，并利用这个机会带领学生复习复合词及组成这个词的每个汉字。

04 教师给每个学生一个复合词，让他们做出自己的"词汇网"。要求学生从目前正在或将要学习的课文中选出感兴趣的字词，如有问题，可以查词典，同学之间可以讨论。教师一定要强调，这个活动不是做美工作业，学生的时间应该花在查阅词典、思考问题和学习新字词上。

05 教师在评估学生的"词汇网"时，圈出那些有用的字词，尤其是即将要学的生词，确保所选的词能与其他词连接起来。

06 最后，每个学生展示他们的"词汇网"。

注意

词汇网的第一层级应该有六个复合词，余下的每个层级至少包含四个复合词。我们的范例挑选了学生可能学过或感兴趣的一些复合词。

范例

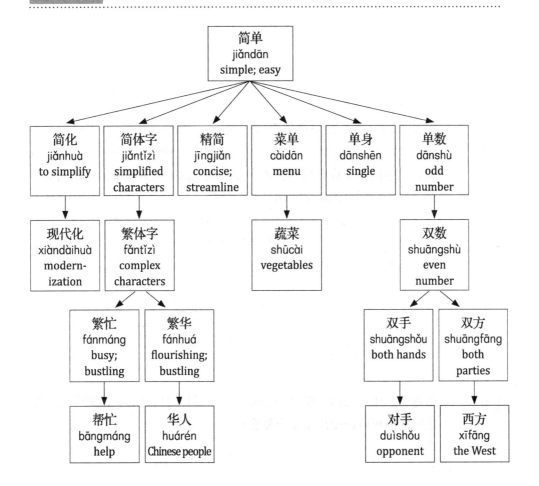

14 复合词竞赛

重点 这个活动的目的是帮助学生复习生词，使他们进一步理解复合词中每个成分之间的逻辑关系，认识到中文词语的构造具有"滚雪球"的特点，减少对中文的畏惧，增强学习的主动性。

等级 中、高级 ☆ ★ ★

时间 计时活动：5 分钟
团队活动：20 分钟

步骤

—— 计时活动 ——

01 教师选出一些能够组成复合词的汉字，例如："具"可以组成"具体""家具""玩具"，"解"可以组成"解释""了解""解决"。复合词中的各个成分用彩色的卡片呈现，其中基本汉字使用相同颜色的卡片，新增添的汉字使用另外一种颜色的卡片。例如：写有"具"和"解"的卡片为颜色相同的卡片，写有"体""家""玩""释""了"和"决"的卡片则为另一种颜色的卡片。一套卡片共十二张，教师也可以根据学生人数改变卡片的数量。

02 给每个学生或每两个学生一整套卡片，用计时器计时，检测学生在规定时间内可以搭配出多少个复合词。

— 团队活动 —

如果时间允许，计时比赛之后可以在全班进行一个团队比赛，这对学生复习和巩固所学知识会有很大帮助。

01 把学生分为两组，如果合适也可以分为更多组。教师在黑板/白板上写下基本汉字，并在旁边空缺的位置上画出适当数量的空格。在上面的例子中，"具"字旁边有三个空格，当老师说出该基本汉字时，最先举手或大声说出答案的那一组需要将含有"具"字的复合词写在空格处。

02 教师根据情形提问，比如，让学生读出某个复合词并说出其意思、写出拼音并标注声调、使用该词造一个句子等。

15 集中训练

重点 研究表明，从已经学过的词语出发，通过语义关联引入新的生词，可以让词汇教学更加高效*。给学生一系列反义词（每一对反义词里至少有一个词语学生已经学过），可以让他们根据反义词之间的关联，有效地掌握和巩固词语。为了加快学习进程，最好利用经典的记忆游戏来复习反义词。下面的活动可以保证让每个学生，无论其水平如何，都能够最大限度地参与其中。同时，这也是一个很好的复习活动，并不需要教师做过多准备。

等级 中、高级 ☆ ★ ★

时间 集中比赛：20 分钟
抛球活动：5—10 分钟

步骤

—— 集中比赛 ——

01 给每个学生一张反义词表，每张反义词表中准备大约十五对反义词。教师告诉学生这些反义词可能会出现在之后的活动中，请学生提前做准备。

02 准备活动所用的材料，在 A4 大小的纸上横向打印出词语和拼音，字号越大越好。所用的词语可以从反义词表上的词语中成对挑选，也可以再增加一些学生已经学过的词。在每张纸的后面加一张深色纸以防纸上的内容透出来。将一对对的反义词打乱，并在背面的深色纸上标

---

* Folse, K. S. *Vocabulary Myths: Applying Second Language Research to Classroom Teaching.* Ann Arbor: The University of Michigan Press, 2004.

出大字号的阿拉伯数字。

03 教师按数字顺序将做好的材料用胶带贴在黑板 / 白板上。

04 请一个学生选两个数字（这样做还可以让学生顺便复习数字），教师翻开这两个数字所对应的两张纸，让全班学生看到纸上的内容。如果学生挑选出的恰好是一对反义词，则可以拿走这对反义词。如果不是，则将翻开的纸合上，并将它们放回原来的位置。

05 在活动的过程中，当纸被翻开以后，班上学生很可能会读出这个词，说出这个词的意思和与其相对的反义词。如果学生没有反应，教师可以主动提问，并做一些引导。

06 学生轮流上来挑选，直到所有反义词都被拿走。获得最多反义词的学生为胜者。

—— 抛球活动 ——

01 准备约十五对反义词，将其做成卡片，每张卡片上写一个词。从每对反义词中挑出一个词，将卡片贴在黑板 / 白板上。贴完后，请学生说出黑板 / 白板上每个词的反义词，并将剩下的词贴在对应的反义词旁边。

02 学生有五分钟的时间，来记住黑板 / 白板上的每对反义词。时间到了之后，教师依次拿掉每对反义词中的一个词的卡片。每拿掉一个词，可能都会听到学生齐声发出"哦，不——"的声音。

03 每次请两个学生为一组参加活动。给学生发一个球。学生需要一边抛接球，一边说出之前记住的成对的反义词。比如，学生甲将球抛给学生乙时说"懒惰"，学生乙接到球后说"勤劳"，接着学生乙说"干净"并将球抛还给学生甲，学生甲接过球说"肮脏"，以此类推。

04 一组学生做完后，换另一组学生。

05 为了增加挑战性，教师可以要求学生在反义词之前加一个已经学过的短语结构。比如，可以让学生在所有形容词性的反义词前面加上一个修饰语"越来越"。

猜来猜去

重点 复习词汇是保证外语学习成功的重要因素。用迂回的话语解释某个词既可以加深对词义的理解，又可以练习迂回表达技巧。在没有中文环境的情况下，学生几乎没有练习迂回表达的机会，这个活动可以起到这种"一箭双雕"的效果。此外，这个活动还可以为学生提供交际性表达的机会，使他们有一种身处真实语言环境的感觉。

等级 中、高级 ☆ ★ ★　　**时间** 15—20 分钟

步骤

01 将学生分为两大组。每组各派一个学生到教室前方，两个学生面对同学，不能回头看黑板／白板。教师从学生已经学过的反义词中挑选一些，将一对反义词中的一个写在黑板／白板上，比如，"富有—贫穷"这一对反义词，教师将"富有"写出来。

02 每一组剩下的学生轮流用中文描述黑板／白板上的反义词。以"富有"为例，学生可以说："有钱，可以买很多东西。"站在前面的两个学生同时猜大家所描述的词的反义词。在这个例子中，反义词是"贫穷"。一旦反义词被猜出来，两个猜词的学生就可以回到自己的座位，另换两个学生。

03 如果猜词的学生根据提示猜对了反义词，提供提示的那一组得一分。此外，猜对词的学生也为自己的小组得一分。即每个词有两分，可能同一组得两分，也可能两组分别得一分。

注意

    从设计的角度讲，这个活动很巧妙。第一，猜词的学生首先必须明白同学给的提示，根据提示先猜出黑板 / 白板上的词，然后想出这个词的反义词。第二，猜词的两个学生一个有可能被下面同学的提示弄得稀里糊涂，而另一个学生也许会从中获得灵感，很快地"偷到"答案。

17 我敢打赌

重点 即使在同一种语言中，也几乎没有两个词的意义和用法是完全相同的，即便它们在很多场合可以通用。母语者因为常年接触自己的语言所以明白近义词之间的细微差异，然而外语学习者却没有这样的语感，所以教师必须向学生指出近义词在词义、用法上的细微差异。这个活动首先让学生感受并发现近义词之间的不同，然后通过打赌活动帮助学生加深印象。

等级 中、高级 ☆ ★ ★

时间 初步练习：15 分钟
打赌活动：30—45 分钟

步骤

—— 初步练习 ——

01 教师准备三至五个已经学过的词，找出其近义词。这些近义词可以两个为一组，比如，学生学过"改善"，可以把"改进"列为近义词；也可以三个为一组，比如，已经学过"发现""觉察"，还可以向学生介绍"发觉"。所以，三至五组近义词一共会有六至十五个词。

02 近义词虽然词义相近，但是却不能在所有场合通用，学生的任务是找出它们之间的差异。学生有十五分钟的时间，两人一组或一人独立完成任务。学生可以用多种方法来完成这个任务，比如，查词典找出这组词在词义或语法搭配结构上的差异。如果学生可以上网，也可以直接在网上用诸如"改善和改进的区别"一类的关键词来搜索。网上有很多中文学习资料，学生一定能找到针对这组近义词的双语解释。

注意

    如果学生在十五分钟内无法完成该活动，可以再延长一些时间，至少让一组学生能够完成。如果学生有兴趣，还在努力查找，可以让他们继续，将下面的"打赌活动"留到下节课进行。

── 打赌活动 ──

01   教师事先准备三个需要用一组近义词填空的句子，每个空白之处需要填入一个词，比如，以"改善"和"改进"为例，下面有三个句子：

（1）工人的生活条件_____了。

（2）你们的工作方法有待_____。

（3）新校舍建成后，学生的学习环境得到了_____。

如果是三个一组的近义词，可以准备三个句子。为了增加难度，其中的一个近义词可以不用填入。

02　将学生分为 A、B 两组，告诉他们每组有 100 元用来打赌，根据他们对近义词的了解和掌握情况，每一个空白处的赌注可以是 5 元、10 元或者 20 元。如果他们赢了，所下的赌注可以翻倍。游戏结束时手上钱数最多的小组获胜。

03　首先 A 组就第一个空白处下注，然后 B 组决定轮空、跟注或者加注。如果 B 组决定轮空，A 组必须给出答案。假设原来的赌注是 20 元，如果 A 组答对了，那么赢得 40 元；如果 A 组答错了，那么输掉 20 元。如果 B 组决定跟注，但不加注，那么 A、B 两组各自派一代表在纸上写出答案。两组的得分根据其答案对错而定。如果 B 组看了 A 组的赌注后决定加注，而 A 组不愿意跟着加注，那么 B 组必须立即给出答案。

04　当第一个空白填好以后，轮到 B 组下注。以此类推，直到所有的句子都完成。这时教师可以组织学生讨论他们选择所填词语的原因。

注意

在"打赌活动"中，句子中空白处的词可以选用上次课上练习的一组近义词。

18 大同小异

重点 这个活动参考了上一个活动中近义词的教学方法，介绍褒义词、贬义词和中性词。毫无疑问，学生明白其母语中不同词语的内涵，所以他们也会饶有兴趣地学习不同中文词语的细微差异。研习复杂的材料不仅可以使学生得到一种成就感，而且能让他们取得很大进步。能够向中文母语者就某个词语的词义进行提问，是自主学习的一个重要标志。

等级 中、高级 ☆ ★ ★

时间 课堂练习：15—20 分钟
课堂报告：20 分钟

步骤

—— 课堂练习 ——

01 教师准备五对近义词，这些词学生有的已经学过，有的尚未学过。设计一份学习讲义（参见范例），将近义词写在最左边的纵行，褒义词、贬义词和中性词这三个类别分别写在表格的上方，留出足够的空间，让学生做笔记。

02 教师在黑板／白板上的随机位置写出准备的近义词，分散在整个黑板／白板上。请几个学生到黑板／白板前将成对的近义词用同一颜色或形状圈出来。

> 爱好　扩张　恳求　后果
>
> 扩展　果断　嗜好　结果
>
> 乞求　武断

03 当每对近义词都被圈出以后，给每个学生一份学习讲义，要求学生独立或者以小组为单位，借助词典，判断每一个词语是褒义词、贬义词还是中性词。建议学生写出每一个词语的词组搭配。先完成任务的学生可以继续深入学习。

04 每个学生都做完以后，教师讲解，讨论他们的研究成果。

—— 课后作业 & 课堂报告 ——

01 要求学生课后用学习讲义中所有的贬义词写一篇小短文。

02 教师改好短文后，发给学生，要求他们在课堂上与其他同学分享自己的作品。

范例

	褒义词	贬义词	中性词
结果			
后果			
恳求			
乞求			
扩张			
扩展			
果断			
武断			
嗜好			
爱好			

活动 19 熟语配对

重点 中国人的口语中有很多熟语，学生必须加倍努力才能理解它们的意义。这个活动不仅能够测试学生的熟语掌握情况，同时还能活跃课堂气氛。

等级 中、高级 ☆ ★ ★

时间 初步练习：10—15 分钟
扩展练习：20 分钟

步骤

—— 初步练习 ——

01 教师将学生学过的中文熟语及其英文翻译打乱顺序后写在黑板／白板上，注意避免将中文熟语及其对应的英文翻译写在一起。以下是一个示例：

乱七八糟　　be prepared for the worst　　一口吃不成胖子

Just deserts.　　讨价还价　　all sixes and sevens

不怕一万，就怕万一

Rome wasn't built in a day.

善有善报，恶有恶报　　haggle

也可以添加一些学生从未学过的熟语。对这些新的熟语进行翻译时，最好直接翻译出其字面意思，比如"画蛇添足"，可以翻成"draw a snake and add feet"。

02 将学生分为两组，给每组一支不同颜色的粉笔或马克笔。每组派一个代表到黑板／白板前（如果空间大的话，每组可以派两个代表）。当教师用中文说出一个熟语时，学生必须迅速圈出其对应的英文；当教师用英文说出一个熟语时，学生必须圈出其对应的中文。第一个圈

46

对的学生为自己的小组获得一分。

03 教师说出黑板上全部熟语的中文或英文翻译，直到所有的熟语都被圈出来，得分最高的小组获胜。

—— 扩展练习 ——

中文里有很多含有数字的熟语。教师可以把含有相同数字的熟语集中起来，帮助学生按顺序一个接一个地攻克这些难点。这里以"一"开头的若干熟语为例，展示活动步骤。

01 教师将下列熟语和其拼音及英文翻译输入到幻灯片上，并设计动画效果，让熟语和拼音先显示出来，英文翻译后显示出来。上课时，教师先用幻灯片展示熟语和拼音，请学生猜测熟语的意思，然后再展示熟语的英文翻译。

一石二鸟	yìshí-èrniǎo	Kill two birds with one stone.
一字千金	yízì-qiānjīn	Every word is worth its weight in gold.
一五一十	yìwǔ-yìshí	in full detail
一见钟情	yíjiàn-zhōngqíng	fall in love at first sight
一刀两断	yìdāo-liǎngduàn	make a clean break with
一目十行	yímù-shíháng	read quickly
一问三不知	yí wèn sān bù zhī	be entirely ignorant
一寸光阴一寸金	yí cùn guāngyīn yí cùn jīn	Time is money.
一马当先	yìmǎ-dāngxiān	be the first to take the lead

02 两个学生一组，给每组分配一个熟语（教师根据学生水平配对，并根据学生水平分配熟语），要求学生课后思考怎么用表演或画图的形式来表达这个熟语的意思。学生可以讨论，也可以上网查找资料。

03 在接下来的课上，每组学生轮流表演或用图画展示熟语，其他同学猜这个熟语。

04 当全班展示结束后，教师做总结，提醒学生关注带有数字的中文熟语，并鼓励学生寻找英文中带有数字的熟语，比较中英文的异同。

05 在以后的课上，教师可以抽出时间，逐步介绍其他含有相同数字的熟语。

20 成语小品

重点 没有什么比上下文更能帮助学生理解成语的意义了。把成语当作一个孤立的词死记硬背很难记住，因为这样做忽视了成语的内涵和适合使用的语境。这个活动为成语提供了有意义的语境，让学生可以轻松地理解成语的意义并学会在真实的语境中使用成语。

等级 中、高级 ☆ ★ ★　　　**时间** 20—30 分钟

步骤

01 教师准备十张卡片，以及十个学生学过的中文成语，将每个成语写在一张卡片上。

02 将全班分为几个小组，每组有二至四个学生。为了保持神秘感，每组之间保持一定的距离。教师给每组发一张卡片。

03 每个小组有十五分钟时间，根据卡片上的成语写一个小品，其中必须包含语言和动作。比如，拿到"莫名其妙"的小组可能会创作以下小品*：

学生甲：巧克力工厂仍然关着。

学生乙：真的吗？我怎么闻到巧克力的香味了？

学生甲：（闻闻）我也是，但是你看，门还锁着。

学生乙：里面肯定有人。

学生甲：（拨弄着门锁）不可能，没有人能进去，也没有人能出来。

---

* 这个小品是根据著名儿童读物《查理和巧克力工厂》（*Charlie and the Chocolate Factory*）中的内容改编的。

学生甲和乙：（惊讶的样子）真是＿＿＿＿＿＿！

04 学生编好小品后，各组分别表演，其他学生根据表演猜成语。第一个猜出成语的小组得一分，表演组也得一分。表演全部结束后，得分最高的小组获胜。

注意

在学生创作和表演时，教师要及时给予点评和表扬，使学生对成语的意义和用法有充分的理解，并更加自信。

21 因材施教

重点 词汇的积累是第二语言学习的关键。没有语法，很多东西难以表达清楚，而没有词汇，什么都无法表达。David Arthur Wilkins 在其著作中非常明确地阐述了词汇学习在语言学习中的重要性 *。对于西方学生来说，词汇学习尤其重要，而且更具挑战性，这是因为中文不像欧洲语言那样拥有丰富的同源词。这个活动通过评估学生的词汇水平，鼓励他们在学习词汇的过程中积极发挥各自的主动性，增加学习兴趣。

等级 初、中、高级 ★ ★ ★

时间 课堂竞赛：每个学生 5 分钟

步骤

01 在学期开始的第一堂中文课上，要求每个学生准备一份词汇表，列出计划在这学期掌握的五十个词。学生可以从这学期的课本中选词，也可以从课本外选词。教师可以给学生足够的自由准备词汇表，只要所选的词不太离谱即可。教师应提醒学生，词汇表的词条之间最好留有足够的空间来做笔记。学生准备词汇表时，教师可以提供以下模板供学生参考：

中文	拼音	英文释义	短语 / 搭配
参加	cānjiā	join; attend	参加会议；参加工作
新鲜	xīnxiān	new; fresh	很新鲜；不新鲜

02 教师收集学生的词汇表，将每份词汇表按照全班学生总人数复印，并发给学生，这样班上每个学生都有自己的和其他同学的词汇表。

---

* Wilkins, D. A. *Linguistics in Language Teaching*. London: Edward Arnold, 1972.

03 学生应定期学习自己词汇表中的生词。教师在课堂上也可以抽出一部分时间，定期对词汇表中的难点进行举例讲解和答疑。

04 在学期末的时候，通过活动测试学生对词汇表的掌握情况。测试的形式可以有以下几种：

计时竞赛： 参与测试的学生坐到教室前面，其他学生从该学生的词汇表中选出一个词，说出这个词的英文释义，被测试的学生需要说出这个词的中文。如果该学生能在五分钟内回答出词汇表中的所有词，则通过测试。

速度竞赛： 测试方法大致与上一个活动相同，不同的是学生之间比时间，看谁能用最短的时间回答出词汇表中的所有词汇。教师用秒表或计时器来计时。

高级竞赛： 采用全班集体测试的方式，教师随机抽取词汇表中的词，说出英文释义，要求学生快速说出对应的中文，看谁第一个正确地说出答案。也可以改为教师说中文，要求学生快速说出对应的英文释义。教师应根据班级的实际情况，比如课堂氛围、学生的个性等因素决定是否采用这种方式。

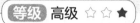

活动

22 猜多义词

重点 词汇是有效交流的第一步，中文和英文中都有大量的多义词，这些词往往让学生感到很头疼。这个活动需要学生用中文表达出英文多义词的意思。这样的练习不仅锻炼了学生的迂回描述技巧，同时还能有效增加学生的词汇量。

等级 高级 ☆ ☆ ★　　　**时间** 15 分钟

步骤

01 教师准备约 20 个英文多义词，这些词在不同的语境中，有不止一个意思，比如：chicken（鸡；胆小的）、date（约会；日期）、lie（躺下；说谎）、bear（熊；忍受）、air（空气；气质）、book（书；预订）、box（盒子；拳击）、handle（处理；把手）、fair（公平的；市集）、chair（椅子；主席）、check（检查；支票）、current（当前的；电流）、bank（银行；河岸）、patient（耐心的；病人）、light（轻的；光）、cow（牛；威胁）、novel（新奇的；小说）、spring（春天；泉水）、kind（种类；善良的）、minor（未成年人；次要的）等，将每一个多义词写在一张卡片上。

02 将学生分为 A、B 两组。请 A 组学生推选一个代表，给这个代表一张多义词卡片，该学生需要用中文描述出这个词的两个意思，但不能直接说出这个词是什么（参见范例）。A 组的其他学生要根据描述，猜出这个词。如果可以猜出这个词的英文，则该组得一分；如果可以猜出这个词的中文义项，则每猜出一个义项，可以额外多得一分。教师应提醒同组的学生相互合作，并且在必要的时候给予适当提示。

03 请 B 组的学生推选一个代表，给这个学生一张多义词卡片，根据上述规则继续活动。

53

04 A、B 两组轮流进行活动。注意，每次每组的代表也得轮换，使得尽可能多的学生有机会参与描述。活动中，如果其中一组猜词时有困难，另一组可以有机会抢答并得分。时间的支配和抢答规则由教师灵活决定。如果两组都卡壳了，教师要提供适当的指导，且不偏向任何一方，使活动可以继续下去。

注意

　　活动中，多义词卡片应该由教师来分配。不同的多义词存在难度上的差异，教师应根据学生的中文水平进行灵活分配。

范例

英文	中文义项	迂回描述示例
chicken	鸡； 胆小的	吃的东西，一种动物； 怕这个，怕那个
date	约会； 日期	和女朋友看电影； 1911 年 11 月 10 日
lie	躺下； 说谎	在床上睡觉； 故意讲假话

第四章
理解语法（一）

为了帮助学生更好地掌握中文语法，我们选择了学生常常深感困惑的五个语言点：量词、副词、多重定语、补语和中文里"时态"的表达。针对每个语言点，我们编写了两个活动，一共有十个活动，这些活动分别是：

活动

23 初见量词

重点 对于很多学生来说，量词数量繁多，不易掌握，是中文学习的一大难点。这个活动可以在学生刚刚接触量词时使用，以消除学生的畏难心理。这个活动最好安排在课文中还没出现量词之前进行，效果会比较好。

等级 初级 ★ ☆ ☆   **时间** 20 分钟

步骤

01 将学生分为三至四人一组。让每组学生记录下教室里的物品及数量，用英文写下来，比如 "a blackboard" "twenty desks" "twenty-five chairs" 等。教师可以故意在教室里放一些平常不会出现的物品，增加学生使用不同量词的可能性。

02 学生以组为单位，借助在线翻译软件，将之前记录下的英文短语翻译成中文并抄写下来。学生与组员一起讨论中文翻译，比较中英文表达的不同之处。如果翻译软件有发音功能，可以让学生跟着朗读每一条翻译。

03 几分钟后，教师给每组一支不同颜色的粉笔或马克笔，让学生一边继续翻译，一边让每组选派一个代表将已经翻译好的中文短语写到黑板 / 白板上。在相同时间内正确写出最多中文短语的小组获胜。

04 决出获胜小组之后，进入讲解环节。教师首先询问学生是否注意到中文短语里的特殊成分，进而引导他们关注数词和名词之间的量词。当学生注意到了这些量词后，教师可以简单解释中文量词的概念和特征，并与英文数量短语进行对比，指出两者的异同。

05 从黑板 / 白板上选取三个最有用的短语，请学生记住这些短语，告诉他们下次测试会考这些内容。之后的测验中，教师可以将活动中的短语灵活修改，比如，将"一本书""一杯茶""一张纸"改为"两本书""三杯茶""五张纸"等，测试学生是否掌握。

我看到了

重点 这个活动旨在帮助学生摆脱对量词"个"的依赖,使他们从只会使用"个"发展到能够灵活使用不同的量词。必须向学生强调,使用恰当、合适的量词能让中文母语者更好地理解外国学生说的话。更重要的是,掌握了量词也能帮助学生理解中文母语者说的话。总而言之,小小的量词往往在理解和被理解的交际过程中起着相当重要的作用。

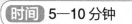 **等级** 初、中级 ★ ★ ☆　　　**时间** 5—10 分钟

步骤

01 教师事先准备十到十五件需要使用不同量词描述的物品并带到教室,这些物品可以是两张照片、一支钢笔、一件外套、三本书等。

02 教师将物品一一放在桌子上,一边放一边用中文短语描述出所放置的物品。如果学生的语言水平较高,教师还可以更详细地描述这些物品,增加理解难度,比如"三本关于历史的书""一支红色的笔"等。

03 将学生分为 A、B 两组,给学生几分钟时间记住桌子上的所有物品,然后用布把桌上的物品遮住。

04 A、B 两组轮流派代表用"我看到 +（数词）+（量词）+（物品）"
这个句型描述刚才看到的桌上的物品。如果说对了，可以为自己的组
得一分；如果说错了，或是说了重复的物品，则不得分。每个小组轮
流描述，直到桌子上所有的物品都被提到为止，最后得分最高的小组
获胜。

注意

个别学生会发现桌子上还有一些其他东西，比如一块布，这可以
用来打破平局。教师也可以坐到桌子上，以此来打破平局。

活动

25 锦上添花

重点 设想一下，语言中如果没有副词会怎么样？我们如何生动地描述某个事件是怎样发生的、什么时候发生的、在哪里发生的以及为什么发生的？如果没有副词，故事就只是一段段平淡无奇的陈述。没有什么比讲故事更能有效地帮助学生练习副词的用法了。这个活动旨在引导学生讲故事，并且尽可能多地使用副词。

等级 初级 ★ ☆ ☆   **时间** 10—20 分钟

步骤

01 教师根据学生的实际情况，选择需要复习的副词。这里以适合初学者的几个副词"也、都、只、就、还"为例。

02 教师提出一个"事件"情景，要求全班学生一起用以上五个副词来讲个故事。把"事件"情景和需要使用的副词写在黑板／白板上。比如，有这么一个情景：在饭馆吃饭的时候，你们发现钱不够了。下面是一个故事范例，教师提问，引导学生使用副词回答问题。

教师：你们在哪儿？

学生：我们都在饭馆吃饭。

教师：小王（或者班上任意一个学生的名字）也在吗？

学生：他也在。

教师：你们吃了什么？

学生：我们吃了鸡。

教师：还有呢？

学生：我们还吃了肉和鱼。

教师：很多东西！很贵，是不是？

学生：是。

教师：服务员（waiter）说了什么？

学生：他要钱。

教师：他要多少钱？

学生：五百块。

教师：你们有吗？

学生：我们只有一块。

教师：他还要多少？

学生：他还要四百九十九块。

教师：那你们怎么办？

学生：我们就帮他洗碗吧。

因为学生刚开始学中文，所以教师要尽量使用简单的词汇和语法。如果必须要用某个生词，可以用学生的母语简单解释一下，然后写在黑板／白板上。

03 学生做完这个练习以后，教师选择另一个"事件"情景继续练习。对于那些因为害羞或不懂而犹豫的学生，教师应鼓励并帮助他们参与到活动中来。

04 在下一节课上安排一个测试，要求学生把讲过的故事写下来，这样可以进一步加强学生对副词的理解和掌握。

各就各位

重点 中文里的词经常在句中充当多种语法成分，这会给学习者造成很大的困扰。另外，中文的词性与欧洲语言中的词性在理解和用法上没有直接的关联，因此引起的困惑也常被忽视。汉英词典是否还有必要标注词性，这个问题超出了我们的讨论范围。但必须指出的是，有一类词特别值得学生关注，那就是副词。副词有什么特点？它们应该被放置在句子中的什么位置？从语法角度来解答这两个问题绝不是将副词复杂化，而是希望借此帮助学生加深对副词的理解。

等级 初、中、高级 ★ ★ ★   **时间** 20 分钟

步骤

01 教师在上课之前在黑板 / 白板上写一个不含任何副词的故事。这个故事应该包含学生之前学过的词汇和语法成分。

02 要求学生给出一些副词，可以是最近刚学过的副词，也可以是特定种类的副词。比如，表示时间的副词：已经、将要、正在；表示频率的副词：总是、很少、常常；表示范围的副词：都、一起、只；表示程度的副词：很、挺、比较；表示方式的副词：猛然、连忙、悄悄。当学生逐一给出副词时，教师把它们写在黑板 / 白板上。对于那些学生已经学过但不记得的常用副词，教师可以用手势、表演来唤起学生的记忆。

03 教师用非常慢的速度朗读故事，要求学生在必要之处加入副词。一旦学生给出副词，教师就停止朗读，与学生一起讨论此处加入该副词是否恰当。教师在黑板 / 白板上做一个记号，加入学生刚刚给出的副词，重复朗读这一段。

04　当一个学生给出的副词被大家采纳时，就请该学生看着黑板 / 白板，从头开始慢慢地朗读故事，并在教师做过记号的地方加入该副词。接着，让这个学生继续用非常慢的速度往下朗读故事，其他学生继续在必要之处加入副词，教师在黑板 / 白板上做上记号，加入学生刚刚给出的副词，重复朗读这一段故事。

05　活动以此类推，最后一个学生必须从头开始朗读故事，并在所有必要之处加入副词。如果他 / 她可以准确地朗读完整个故事，那么就成为这个活动的获胜者。

27 多重定语

重点 这个活动旨在引导学生认识中文定语的位置和用法。中文的定语修饰中心语，必须出现在中心语之前，这跟英文的定语从句完全不同。熟悉多重定语的排列顺序可以更加有效地帮助学生理解中文句子的语义。

等级 中、高级 ☆ ★ ★   **时间** 10—15 分钟 ⏱

步骤

01 教师准备两个或两个以上带有多重定语的短语，并将其中的多重定语和中心语根据其语法特征的不同打印在不同颜色的纸上，可参考下面的表格：

颜色	紫色	绿色	黄色	粉色	红色	白色
语法特征	表示领属性的词语	指示代词＋（数词）＋量词	动词性词语	形容词性词语	名词性词语	中心语
多重定语短语	我的	那两位	刚从美国来的	年轻的	巴西	同事
	妈妈的	这件	朋友送给她的	红色的	羊毛	围巾

02 用胶带或磁铁将所有纸片贴在黑板／白板上，两个中心语贴在最右边，所有定语随机地贴在黑板中间。

03 将学生分为 A、B 两组，每组轮流派学生到黑板／白板前选择一个定语放在中心语前面的恰当位置。A 组的中心语是"同事"，B 组的中心语是"围巾"。每个学生选择一个定语，后一个上来的学生可以对前面学生选择的定语进行调整。第一个把所有定语准确排好序的小组获胜。

04 教师检查黑板／白板上的短语，讲解每一类定语的固定位置及语义。

活动

28 谁在前面？

重点 由于中英文中不同类型的定语位置不同，学生常常觉得中文的多重定语很难。这个活动要求学生凭借言语记忆和不断重复的手段，通过练习逐渐掌握中文多重定语的顺序。教师带领学生先做"活动27：多重定语"，或者先给学生进行详细的讲解，然后再做这个活动，效果会更好。

等级 中、高级 ☆ ★ ★　　**时间** 10—15分钟 ⏱

步骤

01 教师根据多重定语的排序规律，将不同类型的定语写在黑板／白板上的表格中，并准备一个含有多重定语的短语为例，比如"我的两本刚买的有用的汉语词典"，将这个短语的中心语写在表格中，如下所示：

颜色	紫色	绿色	黄色	粉色	红色	白色
语法特征	表示领属性的词语	指示代词＋（数词）＋量词	动词性词语	形容词性词语	名词性词语	中心语
多重定语短语						词典

对学生来说，只有最后的中心语"词典"是已知的，而其他定语成分需要自己推导出来。如果学生做过活动27，那么这个活动中不同类型的定语最好也用跟活动27一样的颜色标注出来。

02 将学生分为两组，两组学生轮流猜测，首先猜一猜名词性定语。比如，在上述的例句中，学生可能会说"汉语词典"。如果学生猜错了，教师可以给予一些提示。

03 如果这个学生猜对了，接着由这个小组的另一个学生猜形容词性定语，以此类推。不过，每一次猜测，学生必须把已经猜过的定语从头开始再说一遍，只有说对了才算过关。如果猜错了，或虽然猜对了但是在复述定语时出了错，则由另一个小组的学生继续活动。

04 第一个准确猜出所有定语并且复述无误的小组获胜。如果两个小组平局，那么能够准确使用这个包含多重定语短语的那个小组获胜。为了活跃课堂气氛，尤其是当班上学生较多、语言水平参差不齐时，最好要求小组成员一起猜测和朗读，教师也可以根据情况决定什么时候请某个学生来猜测或朗读。

29 前因后果

重点 在大多数初级中文课本里，动词往往都是单独出现在生词表中的，教师也习惯把动词作为一个单独的生词来教。可是，在实际交流中，动词的后面常常跟着一个补充成分。当学生深入学习或接触自然语言并发现这个现象时，需要一定的时间才能理解动补结构。下面第一个活动涉及的是情态补语，第二个活动涉及的是结果补语。

等级 初、中、高级 ★ ★ ★

时间 情态补语：10—15 分钟
结果补语：20—30 分钟

步骤

—— 情态补语 ——

• **小采访**

01 教师让每个学生写出五个学过的动作动词或动作动词短语。

02 学生两人一组，根据以下句型提问和回答，教师把问句和答句写在黑板 / 白板上。

学生甲：你喜欢**打**篮球吗？

学生乙：我很喜欢**打**篮球。/ 我不喜欢**打**篮球。

学生甲：你（**打**）篮球打得好吗？/你（**打**）篮球打得怎么样？

学生乙：我（**打**）篮球打得很好。/ 我（**打**）篮球打得不好。

03　让学生采访一个中文学习者或者中文母语者,用学生自己写出的五个动作动词或动作动词短语,询问对方喜不喜欢做这些事、做得怎么样。要求学生用手机或数码相机将采访录下来。如果中文课有网上讨论版,学生可以将采访录像传至网上,或用电子邮件发给教师。

04　教师看过采访录像后,与每个学生讨论他们的作品,肯定好的用词和句子,指出需要改进的地方。

- **猜哑谜**

01　教师准备几张小纸条,每张纸条上分别写上不同的动词和相应的情态补语,比如"吃饭吃得很慢""唱歌唱得不好"等。

02　给每个学生发两张纸条,并把学生分为不同的小组。

03　每组成员轮流表演纸条上给出的动词及情态补语,其他同学猜测组员所表演的短语,猜得越快越好。

—— 结果补语 ——

- **搜索补语**

　　　　以下的复习活动让学生从课本中走出来,鼓励他们去发现真实语境中的动补结构。

01　教师首先向学生提一个问题:为什么中文的动词后面常常跟着一个表示结果的成分?以这个问题开始复习动补结构。如果学生还未理解,可以用"他吃午饭了"作为例子进一步解释,可以问学生:"他吃饱了吗?"告诉学生在中文里,如果在"他吃午饭了"这个陈述后加上"可是没吃饱"并不违反逻辑,因为动词后需要加上补语才能表示动作的结果。

02　教师先给出例子，然后带领学生回忆几个含有结果补语的词或短语，学生说出来，教师写在黑板／白板上。比如：

> 说错　　看到　　听见　　做完　　学会
>
> 记住　　听懂　　做错　　买到　　吃饱　　看懂

03　每个学生选择两个词或短语，上网搜索。比如，如果选了"看到"，可以在任何一个新闻网站的搜索引擎上搜索"看到"。学生的任务是找出一个有趣的、并含有"看到"的句子，而且这个句子他／她能理解。学生在搜索时，教师务必指出，网页所显示的大量结果补语正说明该结构在中文里起着很重要的作用。

04　每个学生选择一个搜索到的句子，向全班汇报。通过这个机会学生可以接触到真实语言中生动有趣的结果补语。

- **改进版**

　　教师如果发现有的学生过于沉迷于智能手机或平板电脑，可以将这个活动改进一下。教师只给学生纸质材料，比如杂志、报纸或剪报，要求他们从中找出五个含有结果补语的句子。这样的活动对学生的阅读能力要求较高，比较适合高年级的学生。

30 有上有下

重点 复合趋向补语是中文语法的一大难点。学生即使在课堂上可以理解复合趋向补语的意义和用法，在课下的现实生活中也往往难以正确运用。帮助学生彻底掌握复合趋向补语需要大量的时间和丰富的语料，利用有趣的场景可以使学生快速掌握该语言点的用法。

等级 中、高级 ☆ ★ ★

时间 课堂活动：20 分钟
小组报告：每组 5 分钟

步骤

01 教师设计几个场景，场景中应包含能够用到复合趋向补语的句子。为了方便学生理解，教师描述这些场景时可以使用英文。

02 设计好场景后，教师再给每个场景配几个可能用到的复合趋向补语，并将它们打印在讲义上（参见范例A-D）。

03 学生两人一组，每组一张讲义。教师要求每组学生选择一个场景，创作一个小故事并写下来，且故事的对话中必须包含至少一个复合趋向补语。教师可以选择讲义上的一个场景作为例子，向学生解释这个活动的要求。这里以"范例A"为例，教师可以给学生展示以下的答案示例（下划线部分为使用到的复合趋向补语）：

　　哥哥站在楼上对正在楼下玩游戏的弟弟发命令："快点，把吸尘器搬上来，吸完尘后再把吸尘器搬下去。"弟弟一边玩游戏一边冲着哥哥喊："你先把吸尘器搬上去，然后告诉我，我再来吸，吸完尘，你把吸尘器搬下来。"哥哥说："那算了，我洗衣服吧。快把你的脏衣服放到洗衣机里！"弟弟说："好，等一下。"十分钟后，哥哥走进洗衣房，大声问弟弟："要洗的衣服都放进去了吧？"没有回音，哥哥打开洗衣机，只见里面空空的，气愤地喊着："你为什么没有把衣服*放进来*？"

04 在学生准备的过程中，教师会发现各组的进展可能不同。当部分学生还在构思时，程度较高的学生可能已经开始写小故事了。教师应观察学生，并及时提供帮助，等大部分小组完成以后，再收回学生写的小故事。

05 教师将改好的故事发给学生，并请学生在课后把创作的小故事用表演或者漫画的形式展示出来。在接下来的课上，每次请一至两组学生进行汇报。

范例 A

可能用到的复合趋向补语：搬 + 上来、搬 + 上去、搬 + 下来、搬 + 下去

"哼，我儿子真懒！"母亲埋怨着，她决定给孩子们分配一些家务活。这将是他们第一次做家务。开始，她只是分配些小事情，比如，吸尘、洗衣。两个兄弟的争吵随之开始了……

范例 B

可能用到的复合趋向补语：走 + 进来、走 + 进去、走 + 出来、走 + 出去

第一次约会的一对男女在一起散步。到了晚上，他们决定去跳舞，可是女孩得先回公寓换衣服。到了公寓后，女孩走进卧室，把门关上了。半个小时后，男孩开始坐立不安，催女孩快一点。又过了半个小时，他打开门……

范例 C

可能用到的复合趋向补语：冲 + 进来、冲 + 进去、冲 + 出来、冲 + 出去

家里有两个姐姐和一个弟弟。今天三姐弟又睡过头了，现在是早上七点，校车七点二十分来接他们。二姐一醒就立即冲进洗手间，把大姐和弟弟关在门外。时钟嘀嗒嘀嗒地走着……

范例 D

可能用到的复合趋向补语：开＋回来、开＋回去、开＋过来、开＋过去

　　两个警察在训练他们的新警犬，他们对自己训练警犬的能力充满信心。于是，他们在警察局附近的一个公园里，把警犬放了。谁知几秒钟内，警犬就跑向了附近的公路……

活动 31 展望未来

重点 中文没有时态，但是，跟英文一样，中文有不同的动作状态，即一个动作可以处在进行、持续或已经完成等不同状态中。动作的状态和时间有关，但不表示时间*。中文通过使用动态助词（如"着""了""过"）和副词来表示不同的动作状态。这个活动通过图片让学生了解中文不同的动作状态。

等级 中、高级 ☆ ★ ★

时间 复习：5—10 分钟
活动：10—20 分钟

步骤

01 教师在黑板 / 白板上写下"过去经历""已经完成""正在进行""持续""将要发生"这五个动作状态（示例如下），请学生思考如何用中文表达这五种状态。教师一边启发学生回答问题，一边把他们的答案写在每个类别下面。如有需要，教师可以对学生的答案进行修改和补充。

	过去经历	已经完成	正在进行	持续	将要发生
肯定形式	动词+过	动词+了	正/在/正在+动词+(呢)	动词+着	要/快+动词+了
否定形式	没+动词+过	没+动词	没（+在）+动词	没+动词+着	还没+动词+呢

02 教师给学生展示一幅描述某事即将发生的图片，画面要引人注目。比如，一个气势汹汹的护士正在准备给病人打针，或者一个愤怒的

---

* 这句话摘录自李德津、程美珍的《外国人实用汉语语法》（北京：华语教学出版社，1988）。以上五种动作状态也取自该书。

72

老板正在准备跟员工面谈。不管选择什么样的图片，教师都要确保学生已经掌握了必要的词语，能够对图片中的事件进行描述或评论。教师事先预测学生可能会说的话，并在黑板／白板上写出一些可能会用到的词语和句子。教师所写内容不需要面面俱到，重点应放在时间的表达上。

03　教师可以尝试用下面几个问题向学生提问，启发他们使用各种时间名词、副词等作答。教师的问题取决于图片内容和学生的回应：

- 你们看到了什么？（引导学生使用表示"现在"状态的词语）

- 你们觉得接下来会发生什么事？（引导学生使用表示"将来"状态的词语）

- 为什么……？（引导学生使用表示"过去"状态的词语）

注意

　　如果图片的内容是一个教师正在训斥学生，学生可能会用其母语词汇来表达自己的想法，因为他们还没有学过"听话""淘气""作弊""考卷"等词语。这时教师要提醒学生，外语学习的成功之处在于能够使用外语表达自己的想法，并鼓励他们尝试使用学过的词语和句子结构。比如，通过问题"老师说的话，学生都听了吗？"或者"考试的时候，学生们只看自己的考卷吗？"来引导他们使用"没听老师的话"或者"看别人的考卷"这些简单的表达。教师也可以从某个电影或电视中截取三到五分钟的片段来代替图片。

活动

32

谁先谁后？

重点 当学生发现中文的动词没有表示时态的形态变化时，都不约而同松了一口气。然而，很快他们又会觉得疑惑，不可能那么容易吧？是不是搞错了？从某种角度来说，中文就是那么容易。很多中文教师发现，中文学习者能准确地解释中文的时间标记，最近的研究也证实了教师的印象[*]。不过，对于学生来说，即使达到了高级水平，上述疑问仍然存在。设计这个活动就是为了向学生展示，中文不需要动词的形态变化也能准确地表达不同的时间关系。

等级 中、高级 ☆ ★ ★   **时间** 20—30 分钟

步骤

01 教师事先准备一个大约包含十个句子的故事。故事可以不是原创的，但是必须含有不同的和时间有关的线索以帮助学生确定句子的顺序（参见范例）。

02 教师将准备好的句子的中文分别写在若干张小纸条上，每张小纸条上写一个句子，将小纸条放入一个信封内，给每个或每两个学生发一个信封。教师要提前打乱小纸条的顺序，否则的话，就等于是帮学生做完了功课。

03 学生的任务是把句子按适当的顺序排列起来，使之变成一个有意义的故事。每个学生都排完后，大家一起看看谁的排序最接近故事的真实顺序。

---

[*] Slabakova, R. Acquiring Temporal Meanings Without Tense Morphology: The Case of L2 Mandarin Chinese. *The Modern Language Journal*, 2015(2).

　全班一起一句一句地分析故事。教师向学生提问，请他们说说排序的依据是什么。

注意

全班分析完故事后，教师展示故事的英文翻译，请学生比较中英文表述的异同。教师提醒学生注意，英文必须用不同的动词形态变化才能清楚地表达这个故事，而中文则不需要动词形态变化。

范例

1. 那是一个漆黑的、下着暴雨的夜晚。

   It was a dark and stormy night.

2. 十一点了，街上什么人都没有，只有她自己。

   It was 11 o'clock and the streets were empty—all except for her.

3. 今天她太忙了，晚饭还没吃，完全忘了时间。

   It had been such a busy day that she had lost track of all time and hadn't even eaten dinner.

4. 她自言自语道："我得赶紧回家吃饭。"

   She said to herself, "I really should be getting home to eat."

5. 突然，她听到厚底鞋的声音。

   Suddenly she heard the sound of platform shoes.

6. 她走得慢了一点儿，脚步也慢了下来。

   She slowed her pace; and the footsteps slowed down too.

7. 她停下脚步，看看周围，却没有发现任何人。

   She stopped to look around. There was no one.

8. 她接着赶路，并告诉自己："没有什么可怕的。"

She started up again all the while telling herself, "I will not be scared."

9. 她加快了脚步，但那些脚步也走得更快了。

She quickened her pace, but the footsteps quickened too.

10. 最后，她飞快地跑了起来，跑得那么快，一下子撞上了自己家的前门。

She started to run like crazy. She ran so fast that she crashed into her front door.

11. 这时她低头看着自己的脚，看到了一双厚底鞋。

She then glanced down at her own two feet—and saw a pair of platform shoes.

第五章
理解语法（二）

　　这一章我们继续练习语法，需要练习的语言点包括疑问句、存现句、连动句、复句、"把"字句、"被"字句、"主题—评述"句和主语省略句。针对以上难点，我们编写了十四个活动，分别是：

33　提问特权　　　　　　34　快速提问

35　布置场景　　　　　　36　世界何处?

37　胡言乱语　　　　　　38　逗号堆积

39　"把"基础打牢　　　　40　言语乐高

41　"把""被"互换　　　　42　最糟糕的一天

43　说唱中文　　　　　　44　我不同意

45　言简意赅　　　　　　46　想入非非

提问特权

重点 毫无疑问，中文是世界上最难学的语言之一。不过，中文也有非常容易的一面，教师必须充分利用中文这方面的优势。以特殊疑问句为例，在中文里，构成特殊疑问句只需将疑问词放入陈述句的"答案"所在位置。可是，习惯于用倒装形式来构成疑问句的西方学生常常固执地把简单的中文疑问句弄得很复杂，所以教师得努力纠正他们的习惯。为了帮助学生养成"简单"的习惯，练习是唯一的方法。这个活动有几种做法，最基本的方法是先介绍中文的疑问句，然后让学生做"结构练习"，这对那些正在中英文不同语法中"挣扎"的学生来说是一个很好的复习机会。"猜猜是谁"和"自由练习"中没有机械性的句型操练，当教师做好准备工作时，可以让学生尝试。

等级 初、中级 ★★☆　　　**时间** 每个活动 15—20 分钟

步骤

—— 结构练习 ——

01 教师事先准备几套疑问词卡片，用 A4 大小的纸横向打印并标上拼音，每张纸上放一个疑问词，字号尽可能大。疑问词包括"谁""什么""哪儿""怎么样"等。保证每个学生都有一套疑问词卡片。

02 教师在黑板 / 白板上写出几个事先准备好的句子，句子中不同成分用不同颜色表示，这些成分可以被疑问词替代。比如：

> （蓝色）　　　　（红色）　　　　　　　（绿色）
>
> 厨师（chúshī）　在厨房（zài chúfáng）　做饭（zuò fàn）。

教师带领学生把每个句子过一遍，确保每个学生都明白句子的意思。对于反应较快的学生，加一些他们可能会感兴趣的词，以此调动他们的积极性。

03 将学生分为两组，给每个学生发一套疑问词卡片。

04 教师将黑板／白板上的第一个句子转换成英文疑问句。比如，上述例句的疑问句可以是："Where does the chef cook food?"最好使用学生的母语，或者中外文混合语，或者像"Chef at where makes food?"这样的中式英语，因为这能帮助学生很快进入中文思维状态，避免学生绞尽脑汁去做一些无用的翻译。另一种做法就是指着彩色的句子成分，如"厨师（chúshī）"，直接用疑问词替换掉它。

05 当教师在全班学生面前说出"Where does the chef cook food?"这个疑问句后，要求每个学生举起相应的疑问词卡片。如果有一个小组绝大多数成员举起疑问词"哪儿"，那么这一组就获得提问特权。也就是说，教师可以请这一组的一个学生用中文疑问词"哪儿"就上述例句提问。如果该学生提的问题是："厨师在哪儿做饭？"那么这个小组就赢得了一分。如果问题是错的，可以换另一个小组试一试。

06 教师接下来就同一句子提出另一个疑问句，疑问词可以变成"什么"或"谁"，学生按以上方法继续用中文给出疑问句。以此类推，直到黑板／白板上的句子都被转换成不同的疑问句。

—— 猜猜是谁 ——

01 教师准备两组照片（A组和B组），每组四张，打印在A4大小的纸上。可以用大家熟悉的名人的照片，比如电影明星、体育明星等。为了提高趣味性，可以加进班上学生和老师的照片。保证每个学生有一组照片。

02 教师将学生分为两人一组，给学生甲 A 组照片，给学生乙 B 组照片。学生甲抽出 A 组的第一张照片偷偷地看一下，然后问学生乙："猜猜他 / 她是谁？"为了猜出这个人是谁，学生乙反问学生甲："他 / 她是哪国人？""他 / 她是美国人吗？""他 / 她做什么工作？""他 / 她是老师吗？""他 / 她是男的还是女的？"等。学生甲必须根据事实用中文一一作答，涉及未学过的、有关职业的词汇时可以用英文单词代替。

03 如果学生乙问完了所有问题还是猜不出来，可以再试试最后一个问题："他 / 她叫什么名字？"这时，学生甲必须告诉学生乙该名人的名字，或者给学生乙看照片。

04 学生甲抽出第二张照片给学生乙猜，以此类推，直到学生甲的四张照片都被猜完。这时轮到学生乙抽出 B 组的第一张照片让学生甲猜，学生甲提问题，直到学生乙的四张照片都被猜完。

── 自由练习 ──

01 教师事先挑选一张大家熟知的名人的照片。

02 给学生五分钟时间，要求他们就这个名人提出尽可能多的问题。问题不必完全符合现实。事实上，愚蠢的问题有时反而能活跃班上的气氛。根据学生的水平，教师可以在黑板 / 白板上写出两个疑问句的结构：

句型 1：Subject + Verb + Interrogative（+ Object）？

句型 2：Interrogative + Verb（+ Object）？

如果学生因词汇被卡住，教师要及时给予指导。学生如有不会的词，也可以查阅词典。

03 五分钟后，学生依次在全班口头汇报自己准备的问题。教师纠正错误或做点评。

04 让全班推选一个学生扮演照片上的名人，同时再选一个新闻秘书，其他学生都是记者，记者们将在新闻发布会上提问。规定发布会不允许使用英语，每个记者只允许提一个问题，每个问题必须由名人或者新闻秘书来回答。如果他们不知道答案，教师可以以另一个新闻秘书的身份参与进来。对于水平较高的学生，教师可以鼓励他们针对前一个学生的问题即兴提问。

注意

教师应提醒学生注意，在新闻发布会上，记者提问时必须使用礼貌用语，比如："您""总统先生""请问"等。

活动 34 快速提问

重点 无论是在课堂上还是在课后，学生总是花费大量时间回答问题，而不是提问题。这个活动要求学生在熟悉疑问句的结构后，能够集中精力进行快速提问。

等级 中、高级 ☆ ★ ★　　**时间** 每个活动 10—20 分钟 ⏱

步骤

── 我要提问 * ──

01 教师事先准备一个故事或一个笑话。

02 在黑板 / 白板上写出适合学生水平的疑问词。比如，给中年级学生"谁"和"哪儿"，给高年级学生"何人""何处"。另外，还可以加一些疑问句的句型，比如："A 还是 B？""……对不对？""……（了）没有？"

03 在开始讲故事或笑话前，告诉学生，他们的任务是阻止教师讲完故事或笑话，他们可以用相关的问题千方百计地打断教师（黑板 / 白板上的疑问词用来帮助学生提出不同的问题）。如果学生准确地提出问题，教师必须立即回答。比如：

教师：有两个人……

学生：请问，他们是不是朋友？

教师：是的，他们是朋友。

教师：有两个人在树林中……

学生：树林在哪个国家？

---

* 这个活动根据 Penny Ur 的活动改编而来，参见：Ur, P. *Grammar Practice Activities: A Practical Guide for Teachers*. Cambridge: Cambridge University Press, 2009.

教师：在德国。

教师：他们很着急地赶路……

学生：他们为什么很着急？

教师：不太清楚，有可能因为天快黑了。他们很着急地赶路，突然从树林里跑出……

由于很多问题没有"对"与"错"之分，教师可以根据故事或笑话的情节编一些答案。教师最好提醒学生在打断教师之前使用学过的礼貌用语，如："请问""打扰一下""对不起""打断一下"等。

04 教师根据时间和学生的反应决定什么时候或者是否需要讲出故事或笑话的结尾。

── 有问必答 ──

这个活动是"20Q"（一种含有20个问题的电脑游戏）的一个版本，学生必须通过提问获取所需信息并以此给出答案。这样的形式可以帮助学生复习最近学过的有关疑问句的知识，进一步巩固对疑问句的掌握。如果交际是语言学习的最终目标，那么，语言和文化不能分开。教师应该抽出一定的时间介绍中国历史中的重要事件和关键人物，让学生通过中文来学习语言之外的东西。这样不仅能帮助学生增加文化知识，而且可以使他们获得一种成就感。

01 这个活动可以在教师介绍过历史事件后的下一堂课来做。根据内容，教师准备至少五张卡片，其中包括地点、人物、时间等，这些将作为答案。

02 将学生分为 A、B 两组。A组派一个学生到教室前面看着第一张卡片上的答案，其他学生轮流问问题，该学生只能用肯定或否定来回答。如果遇到模棱两可的情形，可以用"很难说"来回答（参见范例）。

03 第一个猜出答案的小组获胜。接着，再让 B 组的一个学生到教室前面看着第二张卡片，其他学生继续轮流问问题，以此类推。教师根据时间和学生的反应决定活动什么时候结束。

注意

如果班上学生的水平参差不齐，最好请水平高一点儿的学生来回答，一是因为他们很有可能已经知道如何提问，这样别的学生就有更多练习的机会；二是因为他们能听懂其他同学的问题。如果能力略差的学生被选出来回答问题，教师要随时准备给予指导和帮助。

范例

A 组学生甲：这是一个人吗？

回答的学生：是。

B 组学生甲：这个人是不是中国人？

回答的学生：是。

A 组学生乙：这个人还活着吗？

回答的学生：没有。

B 组学生乙：这个人修了长城吗？

回答的学生：很难说。

A 组学生丙：这个人是不是秦始皇？

回答的学生：是！

活动

35 布置场景

重点 讲故事是学习外语的一种好方法。不管学生的水平如何，用讲故事的形式来描述所见所闻都会对提高语言水平大有帮助。这个活动为学生提供了练习讲故事的机会。

等级 初、中、高级 ★★★   **时间** 每个活动 20 分钟

步骤

—— 初级班活动 ——

01 给学生一张街景图片，如下图，确保学生已经掌握有关词汇，并能够使用这些词汇来描述街景。教师可以事先在黑板／白板上写下部分生词。

02 将学生分为两人一组，两人的水平相当，要求他们按一定的要求来描述街景。教师将要求和例句写在黑板 / 白板上。注意，在初级阶段，不要介绍太多诸如"家"之类的量词，以免引起学生的困惑。

任务 1：用"有"描述出图片中的物体，如：

有一个花店。

有两个孩子。

任务 2：描述出某个物体与其他物体之间的关系，如：

花店的左边有一个饭馆。

星巴克的后面有一个公园。

任务 3：在动词"有"之外的另一个动词后面加"着"，用这个句型描述图片中人物的动作，如：

花店的对面有几个人站着聊天。

男人的旁边有一个女人遛着鸟。

03 要求学生用每一类句型写出十个句子。把水平相当的学生分到同一组。对于水平高一点儿的学生，可以让他们使用"有"和"是"的句型，并感受两者的不同之处。

── 中、高级班活动 ──

这个版本可以作为下一个活动"世界何处？"的热身。

01 在当地某处拍一张照片，里面必须有一些人。为了增加学生的兴趣，所选的背景必须是学生了解和熟悉的，用有意思的照片比平淡无奇的照片效果更好。因为照片只是用在自己的课堂上，所以不用担心版权或授权问题。

02 给学生布置一个任务：描述这张照片中的部分场景，不能重复已经提到的人或物。

03 记下能够使用不同句子的学生人数，一段时间后再做一次，看看该记录能否被打破。如果学生第一次尝试这个活动就做得不错的话，下次可以使用一张更有挑战性的照片。

04 另一种做法是学生自己拍照，向同班同学发起挑战。

注意

做这个活动时最好将学生分为两组，或者更多小组，那样将更具挑战性。

36 世界何处？

重点 存在句本身对学生来说没有什么特别的挑战性。通过不时的课堂练习，学生一般都能掌握"是""有"和"V-着/了/过"的用法。但是，如果把这些语言点放在一起，学生就觉得困难了。这个活动通过说明文的写作，帮助学生有效地巩固这几个语言点。

等级 中、高级 ☆ ★ ★

时间 课堂讨论：20 分钟
课堂报告：每个学生 3—5 分钟

步骤

—— 中级班活动 ——

01 教师事先准备一段描述某个国家的文字，其中不能含有该国家的名字，因为这个名字需要学生猜出来。

02 教师在课上讲述这段文字，当学生准确猜出这个国家的名字后，要求他们在课后做一个类似的作业。每个学生挑选一个国家（最多只能允许两个学生选择同一个国家），写出至少四个句子，可以是关于这个国家所处位置、风俗习惯、语言文字、历史文化、生活场景等方面的描述。为了帮助学生，教师可以给大家发一个样稿，并对其中的每个句子逐一进行讨论。以下是供中级水平学生参考的一篇样稿：

（1）我给大家介绍一个国家。

（2）这个国家在北半球，它的南面有蒙古、中国和一些别的国家，西面有不少欧洲国家。（*所处位置*）

（3）这个国家的人们使用的文字很独特。（*语言文字*）

（4）这个国家的人们有一个特别的习惯。冬天的时候，河边常常站着很多人，他们穿着泳衣，准备跳进冰冷的河水中游泳。（*生活场景*）

（5）这个国家历史上出现过不少世界著名的文学家和艺术家。（*历史文化*）

（6）请你们猜一猜，这是哪个国家？

学生不需要完全模仿样稿来完成自己的作业，但是他们的作业中应尽可能多一些场景描述，这样可以使文章的句子结构更加多元。

── 高级班活动 ──

01 对于高级班的学生，除了要求他们使用更加复杂的句子结构以外，也可以让他们选择不同的主题。比如，如果学生阅读了有关中国旅游名胜的材料，可以让学生介绍一个中国城市。但是，务必挑选大部分学生熟悉的城市，这样才能保证活动的可"猜"性。以下是供高级水平学生参考的一篇样稿：

（1）我给大家介绍一个中国的城市。

（2）这个城市位于中国的东北部，是黑龙江省的省会。（*所处位置*）

（3）这个城市每到冬季就会举办冰雪节、冰灯博览会。（*风俗习惯*）

（4）这个城市最吸引人的是那里的异国情调。你们想象一下，城市里有很多欧式风格的建筑，街上铺着鹅卵石，霓虹灯下站着金发碧眼的美丽女郎，空中不时传来悠扬的歌声。（*生活场景*）

（5）这个城市也被称为"东方莫斯科""东方小巴黎"。（*历史文化*）

（6）你们能不能猜出这是哪个城市呢？

02 除此之外，这个作业还可以扩展为一篇小论文，这样可以给学生一个
练习中文写作的机会。教师从网上下载一篇中国学生的文章给学生做
参考。学生对中国学生的作品可能会很感兴趣，最重要的是，能够看
懂与自己年龄相仿的中国学生的写作，这对学生来说是相当有成就
感的。

03 教师在批改学生的作业时，可以圈出学生没有学过的生词。每个学生
在做报告之前，要把作文中的生词和词义写在黑板／白板上，方便其
他同学理解。

04 教师把作业发还给学生，告诉他们下次课上要做口头汇报。每个学生
要对报告略做修改，把所描写的线索按难易度排列，先易后难。把描
写地理位置的句子放在最后，这样可以保证所有学生都能用心听讲，
避免有的学生一听到地理位置就能立刻猜出国家或城市的名字。

胡言乱语

重点 虽然英文中没有连动句，但是对西方学生来说，理解中文的连动句并不困难，这是因为连动句的结构与动作发生的顺序相吻合。但是，在英文中，如果一个句子中有两个以上的动词，则需要使用特殊的谓语形式或连词来连接。正因为如此，学生会在连动句中过多地使用连词"和"。这个活动的"初步练习"部分，可以帮助学生认识中文连动句的特点，即几个动词短语可以连用。"Mad Libs®填词活动"部分，练习的虽然不是连动句，但也可以帮助学生纠正过多地使用"和"连接短句的习惯。

等级 初级 ★ ☆ ☆　　**时间** 初步练习：10—15 分钟

Mad Libs® 填词活动：20—25 分钟

步骤

—— 初步练习 ——

01 请学生用拼音或汉字在一到两分钟的时间内写下至少十个动词，并写出对应的英文释义。

02 学生两人一组，互相讨论、交流各自写下的内容。

03 教师在黑板／白板上提供一个连动句句型和例句，如下所示，要求每组学生根据给出的句型和例句共同完成五个句子，每句包含的两个动词必须从步骤 1 中的动词中选择。

句型：Subject + Predicate 1（+ Object 1）+ Predicate 2 （+ Object 2）

例句：我有一个问题问王老师。

请每组学生挑选两个句子写到黑板／白板上，并向全班解释句子的意思。学生可以自己决定是两人共同完成还是一人解释一句。教师最后通过提问检查学生是否理解了这个结构，并总结连动句的主要特点。

── Mad Libs® 填词活动 ──

Mad Libs® 是一种在西方非常流行的填词游戏。游戏中会有一个故事，但故事中的很多关键词都被空格所替代。每个空格中的词都有一定的限制条件，如名词、动词等。参与者们在不知道故事内容的前提下，根据限制条件轮流往空格中填词。填完之后，把完整的故事念出来，以制造幽默。

像 Mad Libs® 这样基于语法的填词活动不一定适合注重语境的中文。但是，如果故事很简单，教师也在必要的时候做一些编辑加工，那么还是会有许多令人难忘的故事的。

01 教师编写一个简单的故事，把其中的关键词拿掉让学生来填空，下面的例子可以作为参考：

（1）彼得很饿，他去商店____（verb）披萨。买了披萨以后，他____（verb）到家，打开冰箱____（verb）出一箱啤酒，开始____（verb）啤酒、____（verb）披萨，还一边____（verb）电视。他____（verb）了十二瓶啤酒、____（verb）了六块披萨，____（verb）了四个小时的电视。他吃了那么多东西，很想睡觉。这时，一个女的给他____（verb）电话，很生气地说："你为什么跟玛丽一起____（verb）啤酒、____（verb）披萨、____（verb）电视，____（verb）得那么开心？"彼得觉得很奇怪，他一直一个人在家，哪儿来的玛丽？

（2）____（A male person）很____（a feeling），他去商店买____（noun）。买了____（noun）以后，他回到家，在____（room）里喝啤酒、看____（noun），看了很久。他吃____（food）吃得很多，就____（a feeling）了，想睡觉。但是____（a female person）给他打电话，她很生气地说："你为什么跟____（a person）一

起____（verb）得那么开心？" ____（The male person from first blank）觉得很____（a feeling）。

02 教师在上课前，或在学生测试或做课堂作业的间隙，把故事写在黑板 / 白板上，并用纸挡住。

03 教师要求学生根据所提供的信息填词。教师可以说"给我一个动词""给我一个男人的名字""给我一个名词"等，学生集体或单独进行填词。教师把学生们填的词写在黑板 / 白板的空白处，或速记在一张纸上。

04 把遮挡故事的纸拿掉，然后填空。全班一起朗读故事。故事中滑稽可笑的句子会给学生留下深刻印象。

重点 虽然动词堆积的现象在中文里比比皆是，但是这种语言现象不只属于中文，因此中文学习者对此也并不陌生。然而，一系列动词堆积在一起，用逗号分开一连串分句的现象确实是汉语的专利。与西方语言相比，中文里的逗号在决定复句的含义时起着积极的作用。西方学习者因为习惯明确的主谓结构，常常只用逗号断开简单的短语。当他们遇到看似永无止境的中文长句时，常常会不知所措。这个活动通过介绍复句，帮助学生破解长句，梳理语义。

等级 中、高级 ☆ ★ ★

时间 初步练习：15—20 分钟

课堂活动：20—30 分钟

步骤

—— 初步练习 ——

01 教师给学生介绍中英文句子语法特点的不同。有时，一个写得完美无缺的中文长句从英文的角度看反而混乱不堪。在中文复句中，不同分句之间存在着不同的关系。教师如果能把中文常见的复句类型介绍给学生，将大大提高学生的阅读和写作能力。以下是六种常见的复句类型[*]：

- 条件关系（conditional relationship）

- 因果关系（cause and effect relationship）

- 转折关系（contrastive relationship）

- 选择关系（preferential relationship）

---

[*] 复句可以分为联合复句和偏正复句两大类，每一类又可细分为几种不同的小类。这里我们只介绍几种常见的复句，不能面面俱到。

- 递进关系（progressive relationship）
- 总结关系（summary relationship）

02 讲解完毕，教师一边带领学生阅读相关材料一边不断提问："这个句子是什么类型的？"确保学生明白句子的逻辑关系。教师可以再给学生布置一篇相关话题的写作任务，学生会高兴地发现自己写的东西读起来更加地道了。

── 课堂活动 ──

01 教师设计几个适合学生课堂讨论的话题，最好是严肃认真和轻松随意兼而有之，并将它们分别写在卡片上。

02 将学生分为三至五人一组，每组挑选一张卡片，根据不同的逻辑关系就该话题写出六个复句。句与句之间在逻辑上必须流畅。下面是针对"幽默"这个话题编写的六个复句，可供学生参考：

- 幽默，是一个很复杂的现象，也是一个很神秘的东西。

- 同样的笑话，有些人觉得有趣，而有些人则觉得乏味，甚至感受到冒犯。

- 每个人的价值观和生活经历以及宗教信仰不同，所以每个人的反应也不一样。

- 怪不得当喜剧演员看观众的时候，会发现总有一些冷淡的面孔。

- 只要有半数观众笑了，喜剧演员就十分满足。

- 总的来说，虽然研究人员还不太了解幽默这个现象，但可以肯定的是，大多数人都喜欢哈哈大笑。

显然，到了中、高级阶段，学生的语言水平参差不齐，教师在分组的时候要注意到这一点，保证每个人，哪怕是水平最差的学生，都有机会贡献一个句子或者至少一个句子的部分词或短语。

03 学生完成步骤 2 以后，把各自小组的六个复句写到黑板 / 白板上。当每组学生朗读他们的句子时，教师圈出写得好的句子，对于那些听起来不太顺的句子，教师向学生提问，讨论怎么修改可以变得更好。活动结束前，学生评选出做得最好的一组。

"把"基础打牢

重点 "把"字句的教学应该尽早开始。很多学生学了几年的中文以后仍然不知道该怎么用中文请人把东西从一处搬到另一处，即便这是日常生活中很普通的一个请求。学生需要经过大量的反复练习才能轻松自如地运用"把"字句。因此，越早让学生接触该语言点，效果越好。在初、中级阶段，用什么方法进行"把"字句的教学比较合适呢？下面的活动提供了一些参考。此外，该活动也使学生有机会练习"在……（处所）里/外/上/下"这个结构，起到一箭双雕的作用。

等级 初、中级 ★★☆　　　**时间** 15—20分钟

步骤

—— 初步练习 ——

01 就"把"字句的启蒙教学而言，比较有效的方法是从祈使句入手。教师可以用"请把娃娃放在桌子上"这个句子作为例句。因为学生会觉得"娃娃"这个发音听起来有点儿怪，所以印象会比较深。

02 教师把这个句子的拼音、汉字和中式英文翻译（Please "take" doll put at table on）都写在黑板/白板上。教师可以准备一个娃娃，将娃娃随机递给几个学生，要求他们把娃娃放在桌子上。一旦学生掌握了这一点，再要求他们把娃娃放在地上、放在桌子下、放在书包里，然后让他们把娃娃扔给某个学生，让这个学生再扔给别的同学。

03 教师进行"把"字句的教学。教学内容务必简练，但是要反复进行，"

循序渐进。比如，第一节课让学生练习怎么把"S+V+O"结构的句子转换成"把"字句，第二节课则给学生解释"把"字句的规则，第三节课要求学生对错误的"把"字句进行纠正。

04 教师在讲解或练习"把"字句时，如果发现某个学生正在做某件事，而"把"字句能恰当地描述这个动作时，应立即向全班学生提问："某某同学做了什么？"有时也可以突然请一个学生做一件事，比如"请把门打开"。这种反复练习很有效，所以碰到合适的机会时，要好好利用。

— 强化练习 —

01 教师拍摄一组某人做某事的系列动作照片做成学习讲义（参见范例），可以是某人在整理桌子的照片，也可以是某人在布置房间的照片等。

02 将学习讲义发给学生，两人一组，描述照片。

03 请学生自己拍一组照片，用"把"字句向同学描述照片中的动作，并说出动作对宾语产生的影响。

范例

张三刚搬进一间公寓，他想装饰一下客厅，所以买了一些家具和装饰品回来。以下图片记录了他所做的一些事情。用"把"字句，即"S+把+N+V+在+Place+里/外/上/下"和"放、挂、摆"等动词，跟你的同伴讨论并回答以下两个问题：

1. 张三做了什么事情？

2. 张三的行为产生了什么结果或影响？

问题：张三把中国画怎么了？现在中国画在哪里？

答案：＿＿＿＿＿＿＿＿＿＿＿＿＿＿＿＿＿＿＿＿＿＿＿＿＿＿＿

问题：张三把地毯怎么了？现在地毯在哪里？

答案：＿＿＿＿＿＿＿＿＿＿＿＿＿＿＿＿＿＿＿＿＿＿＿＿＿＿＿

问题：张三把茶几怎么了？现在茶几在哪里？

答案：_____

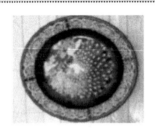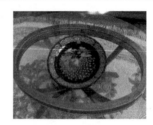

问题：张三把花盆怎么了？现在花盆在哪里？

答案：_____

问题：张三把花怎么了？现在花在哪里？

答案：_____

── 谁是杀手？ ──

这个活动来源于棋牌游戏 Clue®，游戏者需要根据线索推断出犯罪嫌疑人、作案地点以及作案武器。绝大多数的西方学生都对此很熟悉。虽然这个活动前期准备比较费时，但是材料可以重复使用。

准备

01 教师准备一份学习讲义，列出六个犯罪嫌疑人、六个地点以及六种武器（*参见范例 A*）。

02 教师将学生分为若干小组，每个小组最多五个学生，根据学习讲义为每个小组准备十八张卡片，每张卡片上写有一个犯罪嫌疑人名或一个地点或一种武器（*参见范例 B*）。

03 为了节省时间，教师在上课之前从每个小组的卡片中各拿走一张人物卡片、一张地点卡片和一张武器卡片，分别放到各组的信封里，这些卡片是谋杀之谜的最终答案。把每个小组剩下的十五张卡片的顺序打乱后用夹子夹在一起，再放入各组的信封里，保证每组信封里有十八张卡片，其中三张单独的卡片是谋杀之谜的答案，剩下的十五张夹在一起的卡片是将要发给学生的。

步骤

01 教师给每个学生发一份学习讲义。

02 每组拿到一个信封，但不能看其中的内容。教师从信封里取出用夹子夹在一起的卡片，把这些卡片发给小组成员，卡片上的字朝下。

03 活动在各小组内部进行，教师事先告诉学生谋杀之谜的卡片还在信封里，因此学生在猜测的时候应该对照讲义，避开自己拿到的卡片进行猜测，以此提高猜测的准确率。请一个学生针对以下问题开始猜测："谁在哪儿用什么把他/她杀死了？"比如，第一个学生看了自己手中的卡片后可能会说："王医生在书房里用刀把他杀死了。"如果小组内有学生拥有与该答案相对应的卡片，必须将卡片展示给猜测者看。一旦有人给猜测者展示了卡片，这一轮猜测就结束了，换一个学生重新开始猜测，以此类推。

04 猜出的答案与同组其他同学手中卡片均不相符的学生获胜。可以查看信封里的其他卡片来确认。

范例 A

人物 rénwù (character)	
白太太 Bái tàitai (Mrs. Bai)	
刘先生 Liú xiānsheng (Mr. Liu)	
黄律师 Huáng lǜshī (Lawyer Huang)	
王医生 Wáng yīshēng (Dr. Wang)	
李教授 Lǐ jiàoshòu (Professor Li)	
林经理 Lín jīnglǐ (Manager Lin)	

地点 dìdiǎn (place)	
书房 shūfáng (study room)	
厨房 chúfáng (kitchen)	
卧室 wòshì (bedroom)	
客厅 kètīng (living room)	
院子 yuànzi (backyard)	
浴室 yùshì (bathroom)	

武器 wǔqì **(weapon)**	
杯子 bēizi (glass)	
花瓶 huāpíng (vase)	
毒药 dúyào (poison)	
绳子 shéngzi (rope)	
石头 shítou (rock)	
烛台 zhútái (candlestick)	

范例 B

人物

Bái tàitai
白太太

Liú xiānsheng
刘先生

Huáng lǜshī
黄律师

Wáng yīshēng
王医生

Lǐ jiàoshòu
李教授

Lín jīnglǐ
林经理

地点

shūfáng
书房

chúfáng
厨房

wòshì
卧室

kètīng
客厅

yuànzi
院子

yùshì
浴室

武器

bēizi
杯子

huāpíng
花瓶

dúyào
毒药

shéngzi
绳子

shítou
石头

zhútái
烛台

活动

40 言语乐高

重点 这个活动旨在帮助较为内向的学生练习"把"字句，使他们能够轻松自如地运用这种句型。先让学生做一个简单复习，理解使用"把"字句是为了强调动词的动作对宾语产生的结果或影响。如果要强调某个动作完成以后对动作的对象在位置上产生了什么样的变化，用"把"字句是最恰当的。重复是语言学习的关键，这个活动要保证学生有足够的重复机会。

等级 中、高级 ☆ ★ ★

时间 准备活动：15—20 分钟
搭乐高：每组 20 分钟

步骤

—— 准备活动 ——

01 教师准备一盒乐高，并将学生分组，每组不超过三人。从网上搜索并下载乐高图纸，根据乐高图纸和学生的情况决定搭什么结构，语言能力弱的学生可以搭容易的结构，能力强的学生可以搭复杂的结构。

02 将乐高图纸彩色打印出来后发给学生，每组一份。为了减少开支，教师可以将电子版的图纸截屏，缩小到适当大小，以保证即使很复杂的图案也只需要两张 A4 大小的纸。

03 教师首先搭几个结构，推倒后，将每块乐高放回塑料袋里。

04 制作一张词汇表，主要内容包括描述搭乐高时需要用到的动词、方位词、描写形状的词以及描写颜色的词（*参见范例*）。

—— 搭乐高 ——

01 在黑板 / 白板上写一个"把"字，给学生每人发一张词汇表，告诉学生这个活动需要用中文给其他同学讲解怎么搭乐高。

02 简单解释词汇后，让学生用中文说出下面的句子：

- 拿一块蓝色的正方体。

- 把它放在上面。

- 把它往左边挪一点儿。

03 给每组发一份乐高图纸。学生有十五分钟时间准备，学会并写下指挥同伴搭乐高时要说的指令。

04 十五分钟后，学生以组为单位，两组一起合作搭乐高：一组给指令，一组动手搭。教师给每两组发一套乐高。如果一组搭好了，互换角色。原先给指令的小组这时动手搭乐高，而原先搭乐高的小组这时发指令。

注意

  教师要保证学生有充足的时间准备句子指令，也要保证有充足的时间至少让一组学生搭出一个乐高作品。下课前，将乐高、图纸以及学生尚未搭完的乐高一一收起来，下次课上抽时间让学生继续搭。

范例

词汇表 A：动词

放	fàng	put
挪	núo	shift
拿	ná	grab, take
递	dì	pass

词汇表 B：方位词

上面	shàngmian	top
下面	xiàmian	below
左边	zuǒbian	left
右边	yòubian	right
中间	zhōngjiān	middle

词汇表 C：描写形状的词

正方形	zhèngfāngxíng	square
正方体	zhèngfāngtǐ	cube
长方形	chángfāngxíng	rectangle
长方体	chángfāngtǐ	cuboid
圆形	yuánxíng	circle
圆柱体	yuánzhùtǐ	cylinder
十字形	shízìxíng	cross

词汇表 D：描写颜色的词

绿色	lǜsè	green
蓝色	lánsè	blue
红色	hóngsè	red
黄色	huángsè	yellow
橙色	chéngsè	orange
粉色	fěnsè	pink
紫色	zǐsè	purple
棕色	zōngsè	brown
浅	qiǎn	light
深	shēn	dark

"把" "被" 互换

重点 "把"字句和"被"字句是中文学习的两大难点。幸运的是，这两个句式之间的语法关系给教师提供了帮助学生进一步理解"把"字句和"被"字句的机会。这个活动创造了一种新的练习方法，要求学生将主动句转换成被动句，或将被动句转换成主动句，且主动句内必须含有"把"字结构。这个活动可以帮助学生加深对"把"字句和"被"字句的理解。

等级 中、高级 ☆ ★ ★　　**时间** 20—30 分钟 ⏱

步骤

01 用下面的句子简单复习"把"字句和"被"字句：

- 他被对手打倒了。（"被"可以换成"把"，但是语义完全不同。）

- 我把礼物给刘老师了。（"把"不可以换成"被"。）

- 飞机票被我弄丢了。（"被"不可以换成"把"，但是该句可以转换成"把"字句。）

02 将学生分成三组，要求每一组给出三个动作动词，且这些动词既可以用于"把"字句也可以用于"被"字句。比如"打""偷""放"等。教师可以介绍一些日常生活中经常使用却很少出现在课本中的动词，比如"搞""弄""挪"等。学生用"把"字句和"被"字句结合动作动词造句。教师检查每组的完成情况，但不要把句子直接告诉学生。

03 教师将三个小组分别安排为表演组、"把"字句组和"被"字句组。表演组的学生将之前造句的内容表演出来，"把"字句组和"被"字句组用"把"字句和"被"字句将表演的内容写在黑板/白板上，写对句子的小组获得一分。

04 表演组演完三场后，与其他两组交换角色。原先的"把"字句组现在成为表演组，原来的"被"字句组变成"把"字句组，原先的表演组变成"被"字句组，三组轮换，直到每组都做过三种任务。

活动 **42** 最糟糕的一天

重点 常言道，熟能生巧。可是，常练"被"字句会导致学生过度使用中文的被动句。中文里并不是所有的主动句都可以转换为被动句，如果学生因受母语的影响而总喜欢将中文的主动句转换成被动句的话，往往会出错。比如，"Credit cards are accepted by the bank"在英文中是完全正确的，可是直接翻译成"我的信用卡被银行接受了"，则很不地道。这个活动通过练习"被"字句，让学生了解该句式隐含的负面意义。

等级 中、高级 ☆ ★ ★   **时间** 20—30分钟 ☾

步骤

01 将学生分成两人或三人一组，进行写作比赛。

02 学生以组为单位，编写一个小故事，主题为"最糟糕的一天"，故事必须包含至少十个"被"字句。

03 教师最好先用几个例子帮助学生快速复习"被"字句。例句必须含有动作的施动者，施动者是可知的还是不可知的都行，比如"电脑被弟弟弄坏了""电脑被（人）弄坏了"。

04 学生编完故事以后，每组轮流讲述各自最倒霉的一天，全班讨论，评选出"最糟糕的一天"故事中"被"字句用得最好的小组。

注意

教师根据学生人数和学生兴趣决定这个活动是用一节课还是两节课完成。如果用两节课完成，可以用一节课来练习写作，用另一节课来评选优秀作品。

活动
43
说唱中文

重点 这个活动可以用来给学生介绍中文句子的"主题—评述"结构。
活动应尽量短小、轻松、有趣。

等级 初级 ★ ☆ ☆

时间 初步讲解：15 分钟
说唱活动：15—20 分钟

步骤

—— 初步讲解 ——

01 教师在黑板 / 白板上写一些"主题—评述"结构的疑问句，比如：

> 你，怎么样？
>
> 你妹妹，怎么样？
>
> 我明天请你吃饭，怎么样？

02 请学生回答以上问题。如有需要，教师可以引导学生正确回答，并将
答案写在黑板 / 白板上，示例如下：

"主题—评述"结构疑问句	学生的答案
你，怎么样？	我，很好。/ 我，累死了。/ 我，马马虎虎。
你妹妹，怎么样？	我妹妹，她很忙。/ 我妹妹，她很好。
我明天请你吃饭，怎么样？	你明天请我吃饭，太好了！/ 你明天请我吃饭，对不起，我没有时间！

03 教师引导学生将注意力集中在问题的答案上。以"你明天请我吃饭，对不起，我没有时间！"这个答案为例，教师有针对性地提问：这里的主语是什么？主要动词是什么？如果学生表现出困惑的神情，教师应简单介绍"主题—评述"结构，并且指出中文里有很多"主题—评述"结构的句子，而英文的每个句子必须包括一个明确的主语和一个明确的动词。

04 教师让学生将以下句子翻译成英文：

鸡，吃了。

学生尝试以后，教师提问：是"鸡吃了东西"还是"鸡被吃了"？告诉学生，中文里只有结合上下文才能知道这个句子应该是哪一种意思。

05 教师的讲解尽量不要涉及复杂的语言学知识，只需告诉学生，在"主题—评述"结构中，人们首先给出要说的主题，然后给予评论，这会使中文的表达变得简单。

注意

教师可以顺便向学生指出，英文中也有类似的句子结构，只是不像中文中那么普遍。如：

As for economics (topic), John (subject) prefers (verb) Milton Friedman's ideas.

—— 说唱活动 ——

01 学生两人一组，用"主题—评述"结构写出六行说唱句，教师可以给学生这样的例子做参考：

学生甲：看电影，怎么样？

学生乙：看电影，很不好！

学生甲：很不好，为什么？

学生乙：看电影，太麻烦！

学生甲：太麻烦？为什么？

学生乙：为什么？没时间！

02 写完后，请每组学生到教室前面表演。

活动
44 我不同意

重点 在课堂上，很多学生不觉得中文的"主题—评述"结构有什么难度，不过，他们或许也没有意识到这种结构能给中文表达带来便利。事实上，"主题—评述"结构有一个很大的优势，即说话前无需事先组织好整个句子，只需先设定一个主题，让大脑歇一会儿，接着再加以评述。辩论就常使用这种形式。因此，我们可以利用"主题—评述"结构，通过辩论帮助学生提高用中文表达复杂"主题"的能力。

等级 中、高级 ☆ ★ ★

时间 学生课后准备并完成作业
辩论会：30—40 分钟

步骤

── 准备活动 & 课后作业 ──

01 教师先准备一些恰当的辩论题目，且辩论题目最好跟课程内容或学生学过的词汇有关。如果课文内容不适合用来辩论，也可以采用改写过的报刊文章。

02 将选定的辩论题目以及辩论会的时间告诉学生，并请他们在作业纸上列出正反两方的观点。由于这个活动要求学生用较多的时间用中文准备论点，而不是用母语去思考或研究该辩论题目，教师应该对辩论题目进行细致分析从而为学生提供有效指导。比如，如果辩论题目是"汉字简化利大于弊还是弊大于利？"，那么可以指导学生从文化、审美、实用性等角度将正反两方的观点都写出来。

03 教师在批改学生的作业时，可以记录下好的观点，把作业发还给学生后，与他们一起讨论作业的优点及不足，以帮助学生为即将到来的辩论会做准备。

04 教师与学生讨论正反方的所有论点后，重点讲解如何将想要说明的观点用"主题—评述"结构表达出来。

05 为了帮助学生准备辩论会，教师给每个学生发一份学习讲义（参见范例），并要求学生参加辩论时至少使用两个学习讲义中的短语。

── 辩论会 ──

01 辩论会当天，教师将学生分为两队，且两队成员的水平尽量相当。此时，学生还不知道自己属于哪一方（这样可以确保学生做好充分准备），教师用扔硬币的方式来决定哪一队为正方，哪一队为反方。

02 教师用以下的开场白开始辩论会："各位嘉宾，欢迎大家参加今天的辩论会……"作为主持人，教师要确保双方辩手的辩论能顺畅进行。因此，如果学生遇到困难被卡住了，教师应及时提供帮助。当正反两方陈述完各方观点后，教师简单点评，并宣布辩论会结束。

- **陈述观点　Stating an Opinion**

  我的意见是……　In my opinion, ...

  我个人认为……　Personally I think...

  就我而言，……　As far as I'm concerned, ...

- **质疑观点　Challenging an Opinion**

  那不可能是真的。　That can't be true.

  但关于……方面呢？　But what about...?

- **重申观点　Clarifying a Point**

  我刚才说的是……　What I said was...

  我的意思是说……　What I meant to say was...

  让我重申刚才所说的。　Let me rephrase what I said.

- **同意观点　Agreeing with an Opinion**

  我也这样认为。　I think so too.

  我完全赞同。　I agree completely.

  我完全同意你所说的。　I agree with you entirely.

- **反对意见　Disagreeing with an Opinion**

  我不那样认为。　I don't think so.

  我无法同意你的观点。　I can't possibly agree with your opinion.

  我不想反对你，但……　I hate to disagree with you, but...

言简意赅

重点 对于初学者而言，拼音、汉字和词汇都是新知识，一下子接触那么多新知识，很难全部掌握。因此，教师不要同时用过多的信息压得学生喘不过气来，语法知识可以等等再说。但是，假如学生的理解受到了影响，那么时常指出中、英文的语法差异也是非常必要的。基于这个理念，这个活动就应运而生了。

等级 初级 ★ ☆ ☆　　　　**时间** 15 分钟

步骤

01 将学生分成三人一组，组员的语言水平可以各不相同。教师请学生阅读一篇正在学习或已经学过的小文章，文章中应包含较多的主语省略句。比如：

> 小李是大学三年级的学生，她天天都很忙，每天除了要上四节课以外，还得在图书馆工作三个小时，有时中午没有时间吃饭就去上课了，下课以后常常要跟同学一起讨论功课、做作业。这个学期她一共有六门课，电脑和中文课作业很多，也很不容易，她每天都要忙到半夜一点才睡觉。

02 教师让每组学生一起寻找每个句子的主语，如果在主语通常应该出现的地方找不到主语，就在该位置做一记号"Ø"。

03 请学生将小文章再读一遍，确定每个记号处所省略的主语。

04 教师带领全班学生朗读这一小文章，然后请学生将它翻译成英文，最后比较中、英文的主语在结构和形式上的异同。

46 想入非非

重点 中文非常注重语境，所以中文学习者必须习惯从上下文中寻找信息。然而，这对母语是英文的学生来说是一个很大的挑战。英文更注重结构，不严格遵守语法规则是行不通的。这个活动旨在帮助学生建立中文的语境意识，一旦学生明白了语境的重要性，那么阅读理解时遇到的问题就能迎刃而解了。

等级 中、高级 ☆ ★ ★　　　**时间** 20—30 分钟

步骤

01 教师准备一段适合学生水平的对话，如下所示，写在黑板 / 白板上。将对话中含有的可以省略的代词及主语用深色标记出来。对于中文母语者来说，这些代词和主语通常都是冗余信息，对阅读理解没有帮助，如果保留则让对话显得很不自然。

甲：老板看见记者了吗？

乙：他看见他了。

甲：他的情绪怎么样？

乙：他愤怒得说不出话来。

甲：我不能怪他。今天早上我在报纸上看到一篇文章，文章说我们公司面临不少困难，我们不能偿还贷款，公司快倒闭了。

乙：我真讨厌那些记者。

甲：你说得对，我也不喜欢他们。

02 教师向学生解释中文学习者过度使用代词的原因，可以用下面的例句来阐述 *：

> 我们在中国学习的时候，一点儿玩的时间都没有，每天除了学习就是学习，有时候连睡觉的时间都没有。

While we were studying in China, (we) did not have any time for playing. Every day, (we) studied, and then studied some more. Sometimes (we) didn't even have enough time to sleep.

让学生数一数中文句中出现代词"我们"的次数，再数一数英文句中出现代词"we"的次数，然后分别朗读中英文句子。比较以后，学生对中文注重语境的特征和英文注重语法的特征就能十分明了了。

03 将全班分成两组，每组派一个代表轮流将黑板 / 白板上对话里可以省略的代词及主语擦掉，每人每次擦掉一个，正确擦掉一个得一分。如果学生把某个代词或话题擦掉以后影响对话的语义或连贯性，则不得分，活动结束后，得分高的小组获胜。

04 在做这个活动的过程中，教师务必让学生明白为什么有些代词和主语可以省略，而有些则不能。教师可以用以下问题帮助学生理解，比如"在这里，× 指的是什么？"活动结束后，让全班学生再次齐声朗读对话。如果学生还有困惑，教师再做解释。

注意

这个活动还有另一种做法，教师可以从著名的西方儿童读物的中文译本里挑选一章，对其中的某一段落稍做修改，添加一些不必要的代词和主语。教师将修改后的段落写在黑板 / 白板上，让学生上来擦掉多余的代词和主语。活动结束后，给学生每人一份英文原文和中文译文。让学生通过对比阅读感受中英文的差异。

---

* 这个例子摘录自：Xing, J. Z. *Teaching and Learning Chinese as a Foreign Language: A Pedagogical Grammar*. Hong Kong: Hong Kong University Press, 2006.

第六章
化零为整

这一章的四个活动充分利用了现代信息技术，进一步培养学生的听、说、读、写能力。本章练习的重点从句子扩展到篇章，素材也从课堂语言发展到现实生活中的语言。这四个活动是：

活动 47 学而时习之

重点 当两千五百多年前孔子告诫其弟子"学而时习之"时，诸如 Jeopardy® 和 Bingo 之类的复习活动还没有出现。然而，在美国，这两个活动几十年来一直家喻户晓。当一门课结束或者当学生学了很多内容以后，可以利用 Jeopardy® 和 Bingo 这两个活动来复习。教师可以给获胜者准备小奖品，但对学生来说，更好的奖品是获得进步以后的成就感。

等级 初、中、高级 ★ ★ ★ **时间** 每个活动 30 分钟

步骤

── Jeopardy®（初级班，电子版）──

这里的 Jeopardy® 游戏改编自美国智力竞赛电视节目中的 Jeopardy®，但是游戏的规则和形式与原版的游戏不同，原版游戏要求参赛个人根据答案提供的线索用问题的形式做出回答，我们的游戏要求参赛学生用中文表述英语句子的意思。

01 教师首先选定复习材料，内容可以是词汇、语法或者课文。

02 扫描右侧二维码，下载本书作者提供的课件范例，编写适合自己教学的 Jeopardy® 课件。制作 Jeopardy® 课件的步骤如下：

（1）打开下载的 Jeopardy® 课件。点击第三页，修改每一课的标题，内容按难度排列，问题越难分值越高。

（2）鼠标右键点击第三页中的分值，然后选择"编辑超链接"，即可了解每页之间的关系。

（3）从第四页起，编写所需英文句子，并根据句子意思插入有趣的图片。

（4）修改完成后，将课件以 PowerPoint Show 文件格式储存。

03 将学生分成三至四组，每组三人。

04 解释以下四条游戏规则：

（1）学生只需将课件中呈现的英文句子用中文口头表述出来；

（2）因为是集体活动，小组成员必须共同讨论，达成共识后派一代表给出答案，且代表要轮换；

（3）如果课件中的音乐声停止了而应该答题的小组还未准备好，那么其他先举手的小组赢得发言权；

（4）活动结束后，得分最高的小组获胜。

05 教师记录各组得分情况，遇到明显错误需及时纠正，必要时带领大家复述正确的中文句子。

06 比赛结束后给各组成员发放奖品，为了表扬和鼓励学生，可以给获胜小组成员提供价值略高的奖品。

── Jeopardy®（中、高级班，纸质版）──

到了中、高级阶段，中文教学可以逐渐摆脱传统的方式。教师可以通过竞赛的方式检查学生对基本常识的掌握情况，这也是评估他们语言能力的一个终极测试。如果获胜，学生会非常高兴。

01 教师设计几个类目（类目的多少根据内容的多少而定），每个类目准备六个答案和六个相应的提示。每个类目内部的内容按难易程度排列，并分配对应的奖励分值。将这些资料写在一张纸上供活动时使用。

以下是两个类目的范例，其中第二个适合对中国历史略有了解的中、高级水平学生。

动物

分值	提示	答案
100 分	人类的好朋友	狗
200 分	会抓老鼠	猫
300 分	生活在水里；会游泳	鱼
400 分	在公园里能听到它们的叫声；会飞	鸟
500 分	很聪明；喜欢吃香蕉	猴子
600 分	代表中国的动物	熊猫

名人

分值	提示	答案
100 分	中国男演员，武打明星，出演过《尖峰时刻》等电影。	成龙
200 分	中国篮球运动员，曾经为休斯敦火箭队打球。	姚明
300 分	中国女演员，出演过《卧虎藏龙》等电影。	章子怡
400 分	中国著名的思想家，名言：知之为知之，不知为不知，是知也。	孔子
500 分	中国历史上第一位使用"皇帝"称号的君主。	秦始皇
600 分	中国著名的思想家，名言：道可道，非常道。	老子

在编写提示时，尽量使用学生已经学过的词汇，如果必须使用某些生词，一定要给出明确提示，使学生能明白生词的意思。

03 教师将类目名称分别写在不同颜色的纸上，贴在黑板 / 白板上。在每个类目的下面写上奖励分值，如下所示：

动物	名人
100分	100分
200分	200分
300分	300分
400分	400分
500分	500分
600分	600分

04 让一个学生挑选类目和分值，之后，教师擦掉金额并念出对应提示。教师给学生一定的时间，让他们给出答案。

05 如果学生答对了，可以得到相应的得分；如果答错了，其他先举手的学生可以抢答。抢答的学生中，第一个答对的可以得到相应的得分。

06 接着再找下一个学生，如上所述继续活动。最后，得分最高的学生为胜者，教师给前三名学生颁奖。

── Bingo（中、高级班）──

将母语翻译成所学外语是一种非常有效的语言学习方法，很多成功的外语学习者都尝试过这种训练方式。这个活动让学生通过中英文互译练习提高中文水平。

01 教师列出五到十个需要学生复习的语言点，比如：

（1）动作动词 　　　　　　（6）当……

（2）形容词 　　　　　　　（7）在……之前

（3）名词短语 　　　　　　（8）在……之后

（4）比较句　　　　　　　　　（9）"把"字句

（5）疑问句　　　　　　　　　（10）常用熟语

教师为每个语言点准备若干包含该语言点的句子，以供活动使用。

02　用一张 A4 大小的纸做一张 Bingo 练习纸，画出 8×8 的格子，每个格子里标上一个语法点，保证至少有五个不同的语言点在同一横行、纵行或斜行（参见范例）。将 Bingo 练习纸打印出来，发给每个学生一份。

03　请学生在 Bingo 练习纸上挑选一个语言点。教师说一个包含该语言点的句子，要求学生将听到的句子翻译成英语。如果教师说的句子较难或较长，可以将它写在黑板／白板上。

04　如果学生答对了，在其 Bingo 练习纸上对应语言点的格子里标上"×"。举例来说，如果学生选择了"比较句"这个语言点，并正确翻译出了教师说的句子，则可以在练习纸的任意一个"比较句"格子上标上"×"；如果学生翻译错了，其他先举手的同学获得机会接着翻译，如果翻译正确，那么这个学生可以在自己的练习纸上标上"×"。

05　接下来请另一个学生挑选一个语言点继续练习。第一个将一条线上的八个格子全部填满"×"的学生获胜。

动作动词	形容词	常用熟语	疑问句	"把"字句	形容词	名词短语	比较句
形容词	"把"字句	比较句	动作动词	在……之前	名词短语	当……	形容词
名词短语	比较句	常用熟语	形容词	"把"字句	比较句	动作动词	名词短语
比较句	在……之后	"把"字句	名词短语	比较句	疑问句	形容词	常用熟语
疑问句	动作动词	在……之后	"把"字句	比较句	常用熟语	名词短语	名词短语
"把"字句	名词短语	动作动词	当……	动作动词	常用熟语	比较句	动作动词
形容词	动作动词	动作动词	常用熟语	形容词	名词短语	比较句	"把"字句
当……	比较句	名词短语	动作动词	形容词	疑问句	"把"字句	比较句

48) 持之以恒

重点 无论是对学生还是对教师来说，写作练习都是中文教学中的一大难点。一方面，学生在写作时会绞尽脑汁，花费大量时间用其母语思考写什么和怎么写；另一方面，教师不仅要批改错误百出的作文，还要思考如何纠错并提高学生的写作水平。

有两种方法可以帮助学生提高写作水平。第一，让学生用已经学过的词语和语法结构写作。教师对学生写作能力的要求可以低于对其阅读能力的要求，因为根据自然规律，学生的表达能力总是弱于其理解能力。第二，给学生提供范文做仿写练习。教师不用担心学生会盲目地照抄，或仅仅替换关键词。事实上，这种方法可以帮助他们更准确、更自信地表达自己。

写日记可以有效提高写作水平，可并不是人人都能坚持。教师应当给学生提供丰富的句型和有趣的话题，这样才能使写日记变得有意思。

等级 初、中、高级 ★ ★ ★

时间 课堂练习和讨论：
🕐 15分钟

步骤

—— 初级练习 ——

01 教师请学生用拼音或汉字写出五个句子，描述他们特别的一天。教师先在黑板 / 白板上写出五个句型及例句，比如：

句型 1：Time (+ 是) + Time

例句 1：今天是星期一。

句型 2：S + Adj

例句 2：我很忙。

句型 3：S + V (+ O)

例句 3：我有五节课。

句型 4：因为 S + V (+ O)，所以 (S) + V (+ O)

例句 4：因为我有五节课，所以没吃饭。

句型 5：Time + S + 才 + V (+ O)

例句 5：四点半下课以后我才吃了一个汉堡。

02 指导学生在手机或平板电脑上下载并安装日记软件。

03 指导学生使用拼音输入法写下之前准备的五个句子。对认读汉字有困难的学生，教师要重点辅导，并根据具体情形提供有针对性的帮助。对于个别学生，也可以让他们尝试手写输入法。这也是一个帮助学生练习中文输入法的好机会。

04 教师鼓励学生每天写一篇日记，用几个句子描述一天中最有意思的一件事、一个想法，或一个人。教师可以通过奖励积分的方法，帮助学生培养每天写日记的好习惯。

05 写日记是一个比较个性化的作业，所以对不同能力和性格的学生要灵活要求。此外，教师可以推荐一些日常话题，促使不知道要写什么的学生也能够写出一两句话。比如，"今天你最喜欢的课是什么？为什么？""今天你最喜欢的体育明星做了些什么？"。

── 中、高级练习 ──

不只是十几岁的女孩才记日记，有些伟人也几乎每天都记下自己的想法。一个有趣的、可以用来打破学生心理障碍的练习方法是让他们模仿著名人物的日记或传记。《本杰明·富兰克林自传》（*The Autobiography of Benjamin Franklin*）是历史上最迷人的伟大作品之一，是一个很好的参考。

01 教师讲解一段难度适宜、改写过的《本杰明·富兰克林自传》的中文翻译，范例这一段描写了他在 20 岁时尝试完善德行的一个计划，他提出了十三种德行（*参见范例**）。

02 从第一个美德"节制"开始，教师要求学生在第一个星期描写他们在"节制"方面的成功和不足之处；第二个星期，教师请学生就第二个美德"谨言"从两个方面进行反思；第三个星期检查第三个美德"秩序"……除第十二个美德"寡欲"以外，其他所有的美德都可以作为话题让学生进行写作。教师也应该参与这个写作计划。每周一次，全班分享各自的作文。

03 三个月后，教师带领全班阅读富兰克林在 79 岁时对完善德行这个计划的反思，可以用以下富兰克林的话来结束这个有趣的写作项目：

> 虽然我从来没有达到我原先雄心勃勃地想要达到的完善境界，而且还差得很远，但是我却凭借努力使我比不做这些尝试要好得多，快乐得多。

> Tho' I never arrived at the perfection I had been so ambitious of obtaining, but fell far short of it, yet I was, by the endeavour, a better and a happier man than I otherwise should have been if I had not attempted it.

---

* 范例节选自《本杰明·富兰克林自传》，本书作者翻译并有删改。

中文翻译

……我提出了十三种德行，这些是我当时认为有必要而且是适宜的全部德行，在每一项下面我加了一些简单的说明，进一步说明了我对这一德行的理解。

一、节制。吃饭不要过饱，饮酒不要过量。

二、谨言。不说于人于己都不利的话，避免闲言碎语。

三、秩序。把每一件物品都放在应该放的地方，做事井然有序。

四、决心。该做的事一定要做，要做的事必须做好。

五、节俭。所有花费必须利己或利人，不能浪费。

六、勤勉。珍惜时间，做有益的事，不做无益的事。

七、真诚。不要欺骗别人，思考问题要公正合理，发表看法要依据事实。

八、公平。不损人利己，要履行应尽的义务。

九、中庸。避免极端，学会容忍。

十、清洁。保持身体、衣着和住所的清洁卫生。

十一、宁静。不为琐事或不可避免的事而烦躁不安。

十二、略。

十三、谦虚。效仿耶稣和苏格拉底。

英文原文

...and I included under thirteen names of virtues all that at that time occurred to me as necessary or desirable, and annexed to each a short precept, which fully expressed the extent I gave to its meaning.

These names of virtues, with their precepts were:

1. TEMPERANCE. Eat not to dullness; drink not to elevation.

2. SILENCE. Speak not but what may benefit others or yourself; avoid trifling conversation.

3. ORDER. Let all your things have their places; let each part of your business have its time.

4. RESOLUTION. Resolve to perform what you ought; perform without fail what you resolve.

5. FRUGALITY. Make no expense but to do good to others or yourself, i.e., waste nothing.

6. INDUSTRY. Lose no time; be always employed in something useful; cut off all unnecessary actions.

7. SINCERITY. Use no hurtful deceit; think innocently and justly, and, if you speak, speak accordingly.

8. JUSTICE. Wrong none by doing injuries or omitting the benefits that are your duty.

9. MODERATION. Avoid extremes; forbear resenting injuries so much as you think they deserve.

10. CLEANLINESS. Tolerate no uncleanliness in body, clothes, or habitation.

11. TRANQUILLITY. Be not disturbed at trifles, or at accidents common or unavoidable.

12. Omitted.

13. HUMILITY. Imitate Jesus and Socrates.

活动

49 焦点访谈

重点 交际教学法往往更关注语言的输出而非输入。不管是有意还是无意，交际性的听力培养在课堂往往受到冷遇，因此，学生的听力常常会略低于其表达能力。需要指出的是，如果不认真倾听，就不可能进行有意义的交流，糟糕的听力会影响语言的学习。这个活动就是为了纠正输出与输入的不平衡，它不仅可以让学生充分表达，还能使他们同时将重点放在听力上。

等级 初、中、高级 ★★★

时间 初级班活动：15—20 分钟

中、高级班活动：20—30 分钟

步骤

—— 初级班活动 ——

01 确定采访者、采访对象以及采访的时间。采访者和采访对象是由教师指定还是让学生抽签决定，采访是在课上还是在课后进行，这些问题由教师根据班级实际情况决定。

02 为了帮助学生准备采访，教师提供以下英文问题，并要求全班同学将问题翻译成中文。

- What is your name?

- What is your major?

- What grade/year are you in?

- Do you like studying Chinese? Why?

- How long have you been learning Chinese?

- Do you often practice speaking Chinese?

- Do you often practice listening to Chinese?

- Do you read the texts out loud?

- How often do you speak Chinese and write Chinese characters?

- Who do you usually practice Chinese with?

- Do you have a Chinese friend to practice Chinese with?

- How is your Chinese?

- Do you speak Chinese quickly or slowly?

- Do you write Chinese characters beautifully or just so-so?

学生可以用以上问题作为采访问题，也可以自由发挥，但必须使用已经学过的词语和语法。

03 学生用智能手机或其他工具拍摄采访过程，然后将录像以电子邮件的方式发给教师。如果条件允许，可以要求学生将采访录像放到网上，供全班同学讨论。

04 学生根据采访内容写一个总结，比如，描述采访对象的中文学习情况及学习成果。

—— 中、高级班活动 ——

即使学生已经进入中、高级学习阶段，教师仍得事先为他们准备好采访问题，这是因为学生需要把精力集中在采访上。这个活动对学生来说有两大挑战：第一，采访者必须让采访对象听懂其问题；第二，采访者必须听懂采访对象所说的内容，然后记录下来。这很难！如果所选的话题超出学生能力范围，教师应该在课堂上和学生共同讨论，选择合适的问题。如果难度较大，教师最好事先准备一张采访讲义，列出所有问题，并在课堂上逐一讲解（参见范例）。

该活动的宗旨是将课堂内容作为起点，进一步帮助学生练习、巩固所学知识。比如，下面的例子是为已经了解过有关中国教育制度的学生准备的，采访活动可以帮助学生强化已经学过但尚未完全掌握的词语和语法。

01 教师帮学生和采访对象结对，并在课堂上讲解有用的短语和句子，比如：

- 能不能采访您一下？

- 我想问一些关于高考的问题，可以吗？

- 对不起，我没听清楚，请您再说一遍。

- 能不能把……写下来？

02 当学生提交了他们的采访结果以后，教师可以组织学生在课上对采访活动进行讨论。

高考采访

1. 高考考哪几门?

2. 为了准备高考,你每天学习多长时间? 请谈一谈你的日常学习安排。

3. 父母给你的压力大吗? 你是从什么时候开始感觉到有压力的?

4. 高考那天,你紧张吗?

5. 高考结束后,你做了什么?

6. 你考出理想的成绩了吗?

7. 你认为高考改变你的命运了吗?

8. 你觉得高考公平吗? 为什么呢?

9. 你认为高考制度有需要改进的地方吗? 如果有,你认为该怎么改?

10. 请谈谈你的高考经历。

活动 **50** 手机聊天

重点 聊天是日常生活的重要部分，如今，中国人每天的生活更是离不开微信这个免费、快捷的交际软件。中文学习者如果能充分利用这一平台来互相交流，可促进中文学习，何乐而不为呢？这个活动借助微信，要求学生在一个安全、友好的群体里，交流各自对日常话题的看法，这样既能练习口头表达又能练习写作。该活动要求学生人手一个智能手机或平板电脑，并且会用拼音法或手写法输入汉字。

等级 初、中、高级 ★ ★ ★   **时间** 不限 ⏱

步骤

—— 初级班活动 ——

01 学生用智能手机或平板电脑下载微信应用，然后安装、注册。

02 教师用自己的手机建立一个中文学习微信群，一个群里有六至八个学生比较合适。如果班上学生较多，可以分成几个不同的群。教师在建群时最好把水平相当的学生放在一起。

03 教师制定聊天规则：

（1）这个聊天群只用于中文学习；

（2）尽早参与群聊，晚来者不能"抄袭"其他同学已经回答的句子。

04 教师每周给学生提出一个问题，可以跟学生讨论并找出他们最感兴趣的话题（参见范例）。学生每人写两个句子或者说两句话回答这个问题。如果是书面回答，教师根据学生水平决定要求他们使用拼音还是汉字。随着时间的推移，教师可以要求学生给出更多句子，也可以要求学生使用指定的某个句型和某些词语。

05 教师留心观察学生的讨论，注意他们的写作和表达，共性的错误可以在课堂上纠正。教师如果有时间，也应该参与群聊。

—— 中、高级班活动 ——

01 教师帮助中、高级班的学生与母语是中文并且想提升英文表达能力的中国学生结伴，如果两人拥有共同的兴趣爱好则更好。

02 让结伴后的学生自由交流，还可以让他们用微信应用的"视频聊天"功能定期、定时进行视频聊天。

范例

1. 你的家乡在哪里？

2. 你的爱好是什么？

3. 你的校园生活怎么样？

4. 你会说什么外语？你觉得哪一种语言最难学？

5. 你喜欢什么食物、电影、体育活动和书籍？

6. 谁是你最好的朋友？

7. 你最喜欢哪位老师？

8. 你有工作吗？你喜欢你的工作吗？

9. 你的理想工作是什么？

10. 你喜欢把钱用在哪些地方？

11. 假期你去哪里玩了？

12. 如果你有条件周游世界，最想去什么地方旅游？

参考文献

Chao, Y. R. *A Grammar of Spoken Chinese*. Berkeley: University of California Press, 1968.

Ellis, R. *Task-Based Language Learning and Teaching*. Oxford: Oxford University Press, 2003.

Folse, K. S. *Vocabulary Myths: Applying Second Language Research to Classroom Teaching*. Ann Arbor: The University of Michigan Press, 2004.

Johnson, K. *Designing Language Teaching Tasks*. London: Palgrave Macmillan, 2003.

Lewis, M. & Reinders, H. (ed.). *New Ways in Teaching Adults*. Annapolis Junction, MD: TESOL Press, 1997.

Lightbown, P. M. & Spada, N. *How Languages are Learned (4th Edition)*. Oxford: Oxford University Press, 2013.

Nunan, D. *Designing Tasks for the Communicative Classroom*. Cambridge: Cambridge University Press, 1989.

Slabakova, R. Acquiring Temporal Meanings Without Tense Morphology: The Case of L2 Mandarin Chinese. *The Modern Language Journal*, 2015(2).

Spada, N. & Lightbown, P. M. Form-Focused Instruction: Isolated or Integrated?. *TESOL Quarterly*, 2008(42).

Ur, P. *Grammar Practice Activities: A Practical Guide for Teachers*. Cambridge: Cambridge University Press, 2009.

Wilkins, D. A. *Linguistics in Language Teaching*. London: Edward Arnold, 1972.

Willis, J. *A Framework for Task-Based Learning*. London: Longman, 1996.

Wright, A., Betteridge, D. & Buckby, M. *Games for Language Learning*. Cambridge: Cambridge University Press, 2006.

Xing, J. Z. *Teaching and Learning Chinese as a Foreign Language: A Pedagogical*

Grammar. Hong Kong: Hong Kong University Press, 2006.

Yao, T. & McGinnis, S. *Let's Play Games in Chinese.* Boston: Cheng & Tsui Company, 2002.

李德津，程美珍 . 外国人实用汉语语法 . 北京：华语教学出版社，1988.